AFRIKA-KARTENWERK

Serie N, Beiheft zu Blatt 15

Die dazugehörigen Karten befinden

sich in der Kartensammlung !!!

AFRIKA-KARTENWERK

Herausgegeben im Auftrage der Deutschen Forschungsgemeinschaft
Edited on behalf of the German Research Society
Edité au nom de l'Association Allemande de la Recherche Scientifique
von/by/par Ulrich Freitag, Kurt Kayser, Walther Manshard,
Horst Mensching, Ludwig Schätzl, Joachim H. Schultze †

Redakteure, Assistant Editors, Editeurs adjoints: Gerd J. Bruschek, Dietrich O. Müller

Serie, Series, Série N
Nordafrika (Tunesien, Algerien)
North Africa (Tunisia, Algeria)
Afrique du Nord (Tunisie, Algérie)
Obmann, Chairman, Directeur: Horst Mensching

Serie, Series, Série W
Westafrika (Nigeria, Kamerun)
West Africa (Nigeria, Cameroon)
Afrique occidentale (Nigéria, Cameroun)
Obmänner, Chairmen, Directeurs: Ulrich Freitag, Walther Manshard

Serie, Series, Série E
Ostafrika (Kenya, Uganda, Tanzania)
East Africa (Kenya, Uganda, Tanzania)
Afrique orientale (Kenya, Ouganda, Tanzanie)
Obmänner, Chairmen, Directeurs: Ludwig Schätzl, Joachim H. Schultze †

Serie, Series, Série S
Südafrika (Moçambique, Swaziland, Republik Südafrika)
South Africa (Mozambique, Swaziland, Republic of South Africa)
África do Sul (Moçambique, Suazilândia, República da África do Sul)
Obmann, Chairman, Director: Kurt Kayser

GEBRÜDER BORNTRAEGER · BERLIN · STUTTGART

AFRIKA-KARTENWERK

N 15

Serie N: Beiheft zu Blatt 15
Series N: Monograph to Sheet 15
Série N: Monographie accompagnant la feuille 15

Redakteur, Assistant Editor, Editeur adjoint: Gerd J. Bruschek

Dietrich Hafemann

Historische Geographie — Nordafrika
(Tunesien, Algerien) 32° — 37° 30 N, 6° — 12° E

Historical Geography — North Africa (Tunisia, Algeria)

Géographie historique — Afrique du Nord (Tunisie, Algérie)

Römische Kulturlandschaft um das Jahr 300 n. Chr.

Mit Summary und Résumé

1981

GEBRÜDER BORNTRAEGER · BERLIN · STUTTGART

Für den Inhalt der Karte und des Beiheftes ist der Autor verantwortlich.

Gedruckt im Auftrage und mit Unterstützung der Deutschen Forschungsgemeinschaft sowie mit Unterstützung (Übersetzungskosten) durch das Bundesministerium für Wirtschaftliche Zusammenarbeit (BMZ).

ISBN 3 443 28307 1

ERIC BIRLEY

in Freundschaft und Dankbarkeit gewidmet

Inhalt

Contents

Table des matières

Verzeichnis der Abkürzungen

A. D.	anno Domini		m	Meter
B. C.	before Christ		N	Nord
Bd.	Band		n. Chr.	nach Christus
Bl.	Blatt		o. J.	ohne Jahr
bzw.	beziehungsweise		RE	Real-Encyclopädie
ca.	circa		RR	ruines romaines
d. h.	das heißt		S	Süd
E	Ost		S.	Seite
etc.	etcetera		Sp.	Spalte
Fußn.	Fußnote		s. u.	siehe unten
Halbbd.	Halbband		u. a.	unter anderem
i. a.	im allgemeinen		u. U.	unter Umständen
i. d. R.	in der Regel		ü. d. M.	über dem Meere
i. e. S.	im engeren Sinne		v. Chr.	vor Christus
i. J.	im Jahre		W	West
Jh.	Jahrhundert		z. B.	zum Beispiel
km	Kilometer		z. T.	zum Teil
km²	Quadratkilometer		z. Zt.	zur Zeit

1 Einleitung

Die Erforschung und Darstellung der Kulturlandschaften vergangener Zeiten nach Physiognomie, Entwicklung und funktionalen Vorgängen ist ein Hauptanliegen der Historischen Geographie. Es besteht kein Zweifel, daß die Kulturlandschaft eines bestimmten Raumes, in unserem Falle der östlichen Maghrebländer, in der Vergangenheit ein anderes Aussehen hatte als heute, daß sich innerhalb des gegebenen physisch-geographischen Rahmens, durch den die Landschaft gestaltenden Menschen verursacht, Entwicklungen oder auch plötzliche Veränderungen vollzogen haben, und daß somit zu verschiedenen Zeiten das Bild der Kulturlandschaft unterschiedlich war.

Das Aussehen der zu einer bestimmten Geschichtsepoche gehörenden Kulturlandschaft wird zu einem erheblichen Maße durch die kulturellen Verhältnisse, diese im weitesten Sinne verstanden, geprägt. Die jeweils herrschenden politischen, wirtschaftlichen und sozialen Zustände und Vorgänge, auch religiöse Vorstellungen und andere geistige Strömungen und nicht zuletzt die vorhandenen technischen Möglichkeiten wirken sich bei der Entstehung und Gestaltung einer Kulturlandschaft aus. Teils passen sie sich mehr den physisch-geographischen Bedingungen und gegebenenfalls einer bereits ausgebildeten älteren Kulturlandschaft an und übernehmen Elemente derselben, teils wirken sie stärker von sich aus gestaltend und umformend auf die Gegebenheiten ein. Eine Kulturlandschaft ist somit zumindest zu einem erheblichen Teil Ausdruck von historischen Vorgängen bestimmter Epochen, und deshalb ist es berechtigt, z. B. von neolithischen, römerzeitlichen, frühmittelalterlichen und anderen Kulturlandschaften zu sprechen.

In sich mehr oder weniger abgeschlossene Geschichtsepochen mit betonter kultureller Eigenart eignen sich besonders gut für eine historisch-geographische Darstellung. Solche Epochen kann die Forschung auch benutzen, um in einer Reihe zeitlicher Querschnitte die Entwicklung der Kulturlandschaft eines bestimmten Gebietes durch die Jahrtausende bis heute zu verfolgen. Streng genommen befindet sich die Kulturlandschaft zwar in einer ständigen Wandlung, jedoch wechseln vielfach Zeiten eines relativen Stillstandes oder einer langsamen kontinuierlichen Entwicklung mit solchen rascher, ja fast sprunghafter und abrupter Änderungen. Dabei sind die historischen Kulturlandschaften oft erst gegen Ende des betreffenden Geschichtsabschnittes voll in der für die jeweilige Epoche eigentümlichen Ausbildung entwickelt. Aus diesem Grunde wurde für den Versuch der Darstellung der römischen Kulturlandschaft im Bereich des Blattes N 15 des AFRIKA-KARTENWERKES der Zeitraum des ungefähren Höhepunktes der römerzeitlichen Kulturlandschaftsentwicklung, nämlich die Wende vom 3. zum 4. Jh. n. Chr. gewählt. Um diese Zeit war sowohl das Städtewesen wie die Besiedlung des flachen Landes nach dem wirtschaftlichen Aufschwung und der damit verbundenen Zunahme der Bevölkerung im 2. und in der ersten Hälfte des 3. Jh. (G. CH. PICARD 1962, S. 43) höchstwahrscheinlich am stärksten entwickelt.

Bei der Erforschung einer Kulturlandschaft, sei es der Gegenwart, sei es einer zurück-liegenden Zeit, ist zunächst von einer Betrachtung ihrer einzelnen Elemente, wie der Sied-lungen, der Verkehrswege, der Flurformen, der Anbauarten, des Waldes usw. nach ihrer Physiognomie und ihrer räumlichen Verteilung auszugehen und ihre funktionale Ver-knüpfung zu untersuchen. Erst danach kann man unter Berücksichtigung der physisch-geographischen und der historischen Faktoren die ursächlichen Zusammenhänge zu erhel-len versuchen.

Für die Versuche, das Aussehen historischer Kulturlandschaften zu ermitteln und auf Karten darzustellen, sind vielfach nur für einzelne Kulturlandschaftselemente ausreichend Quellen vorhanden. Für den Bereich der vorliegenden Karte N 15 sind dies Quellen über die Siedlungen, vor allen Dingen die Städte, die militärischen Anlagen im Bereich des Limes, die Straßen, die römische Landvermessung und die Anbaugebiete des Ölbaums. Dagegen sind die Quellen über die Verbreitung anderer Anbauprodukte wie Getreide, Wein und Obst, über Anlagen zur Wasserversorgung der Siedlungen sowie zur Bewässe-rung, über Steinbrüche, Bergwerke oder gewerbliche Anlagen, aber auch über die natürli-che oder bereits vom Menschen beeinflußte Vegetation wie Wald, Macchie oder Steppe nur lückenhaft oder fehlen völlig. Es wurde deshalb davon Abstand genommen, die hie und da bekannten Objekte dieser Art in die Karte aufzunehmen, da sonst ein unzutreffen-des Kartenbild entstanden wäre. Auch sollte keine z. T. generalisierte Verbreitungskarte archäologischer Objekte vorgelegt werden, wie es z. B. für das Blatt Mogontiacum der Tabula Imperii Romani für die *villae rusticae* mit Erfolg durchgeführt wurde (GOESSLER 1940, S. 6—7), sondern es wurde versucht, neben der Darstellung bedeutender, land-schaftsbestimmender Einzelobjekte, wie den Städten und Wehranlagen, mittels Signaturen die sehr große Zahl der ländlichen Siedlungen sowie die Centuriation und die Verbreitung der Ölbaumkulturen flächenhaft darzustellen.

Ergänzend sei zur Verdeutlichung der kartographischen Problematik und Schwierig-keiten ein kurzer Hinweis auf die vom Ordnance Survey herausgegebene „MAP OF ROMAN BRITAIN" (Maßstab 1 : 1 000 000) sowie auf zwei weitere Blätter der Tabula Imperii Romani gegeben.

Auf der Karte des römischen Britannien war es bei der 3. Auflage (1956) nach der Zahl und Dichte der Funde gerade noch möglich, alle Fundplätze darzustellen. Diejenigen, die sich durch Größe, substantielle Baureste und entsprechende Kleinfunde als romanisierte Siedlungen — von der Stadt bis zur ländlichen Einzelsiedlung —, Tempel, Gewerbeanla-gen usw. auswiesen, wurden mit differenzierten Einzelsignaturen eingetragen. Bei der, vergleichsweise zum Blatt Mogontiacum, geringen Dichte etwa der „*villae*" usw. war dies auch gut durchführbar. Dagegen wurden die zahlreichen römerzeitlichen Siedlungsplätze, die nur einen geringen Grad der Romanisierung erkennen ließen und keine substantielle-ren Reste aufwiesen, nicht durch eine besondere Signatur dargestellt sondern wie Ein-zel(Streu-)funde behandelt, allerdings wie diese ortsgerecht als „other finds of Roman material" eingetragen (Begleittext zur Karte S. 8). Bei ihrer lokal recht dichten Verbrei-tung wäre für jede Farm oder Farmgruppe (Weiler) eine größere Einzelsignatur als der gewählte feine Punkt vielfach auch gar nicht anwendbar gewesen. Die Karte ist somit eine archäologische Fundkarte, die die Verbreitung der Siedlungen usw. bis hin zu den Kleinfunden für die gesamte römische Epoche Britanniens vom Jahre 43 n. Chr. bis in die ersten Jahre des 5. Jh. zusammenfaßt.

Auf den beiden von GOODCHILD (1954 a, 1954 b) bearbeiteten Blättern Lepcis Magna und Cyrene der Tabula Imperii Romani scheint ein gewisser Unterschied dadurch gegeben zu sein, daß bei dem ersteren Blatt „the map can be said to represent the topography of Roman Tripolitania at about A. D. 400" (GOODCHILD 1954 a, S. 3), während für das Blatt Cyrene bemerkt wird: „the map is intended to depict the topography of Cyrenaica from the first century B. C. until the Arab invasions of the seventh century." (GOODCHILD 1954 b, S. 3). Dieser Unterschied dürfte auf die Quellenlage zurückzuführen sein und verdeutlicht die verschiedenen Situationen, mit denen sich die Autoren derartiger Karten auseinandersetzen müssen. Eine gewisse Generalisierung wurde wie bei GOESSLER (1940) bezüglich der ländlichen Siedlungen vorgenommen, was GOODCHILD (1954 b, S. 4) für das Blatt Cyrene eigens erwähnt, und offenbar ist er für das Blatt Lepcis Magna auch eklektisch verfahren. Da ferner anders als in der MAP OF ROMAIN BRITAIN, keine Einzelfunde aufgenommen sind, sind die Blätter der Tabula Imperii Romani nicht als Fundkarten zu bezeichnen.

Für das Vorhaben, eine thematische Karte der römischen Kulturlandschaft im Bereich des Blattes N 15, Nordafrika (Tunesien, Algerien) zu entwerfen, war die Quellenlage, wie bereits angedeutet wurde, unterschiedlich. Es war von vornherein klar, daß dabei die Ergebnisse der archäologischen und historischen Forschung, wie sie bereits für die einzelnen Kulturlandschaftselemente vorliegen, herangezogen werden mußten, und keine diesbezüglichen eigenen Forschungsmöglichkeiten bestanden.

Für die Städte sind neben einer reichen archäologischen Literatur für die Frühzeit des römischen Afrika in den Arbeiten von VITTINGHOFF (1951) und TEUTSCH (1962), für die Zeit von Trajan bis Septimius Severus in der Arbeit von GASCOU (1972) zusammenfassende historische Darstellungen vorhanden. Darüber hinaus werden in den einschlägigen Artikeln über die einzelnen Städte in PAULYS REAL-ENCYCLOPÄDIE (1894—1978) Daten zur Stadtgeschichte, soweit diese bekannt ist, geboten, die bei der Erstellung der Karte von Nutzen waren. Der REAL-ENCYCLOPÄDIE wurde auch weitgehend in der Schreibweise der Namen gefolgt.

Für die militärischen Anlagen des Limesgebietes wurden vornehmlich die Arbeiten von BARADEZ (1949) und TROUSSET (1974) herangezogen, für die Straßen und die Verbreitung der Ölbaumkulturen konnten die aus neuerer Zeit vorliegenden, zusammenfassenden Darstellungen von SALAMA (1951) bzw. CAMPS-FABRER (1953) verwendet werden. Schließlich wurde die heute noch auf Luftaufnahmen und z. T. im Gelände nachweisbare geschlossene Verbreitung der Centuriation dem „ATLAS DES CENTURIATIONS ROMAINES DE TUNISIE" entnommen. Dabei ist zu betonen, daß auch für andere Gebiete Centuriation nachgewiesen oder anzunehmen ist. Die von SOYER (1976) durchgeführten Untersuchungen zur Verbreitung der Centuriation in Ostalgerien erschienen leider zu spät für die Einarbeitung in die Karte.

Die Darstellung der genannten Kulturlandschaftselemente konnte sich somit auf ein gut aufgearbeitetes Quellenmaterial stützen.

Schwieriger war die Erfassung und kartographische Darstellung der nicht-städtischen, namentlich der ländlichen Siedlungen. Die wichtigsten Quellen für die Verbreitung der ländlichen Siedlungen sind die für das Gebiet vorliegenden topographischen Kartenwerke und archäologischen Atlanten. In den topographischen Karten der Maßstäbe 1:50 000, 1:100 000 und 1:200 000 sind mit Signatur und der Bezeichnung RR („ruines romaines") von den die Karten aufnehmenden Offizieren und Vermessungsingenieuren die, zur Zeit der Kartenaufnahme in vielen Gebieten noch wesentlich besser als heute feststellbaren, weil im Gelände auffälligeren Wüstungen römischer Siedlungen eingetragen worden. Seither sind die Baureste vielfach von den französischen Siedlern wie von der einheimischen Bevölkerung z. B. zur Gewinnung von Baumaterial abgetragen worden. Dieser Vorgang hat heute wieder durch den Übergang vom Gourbi zum Haus in Teilen des nördlichen und mittleren Tunesiens sowie namentlich mit dem zunehmenden Seßhaftwerden der halbnomadischen und nomadischen Bevölkerungsgruppen in den Steppengebieten Tunesiens und Algeriens verstärkt eingesetzt, wie vielfach auf den Reisen beobachtet werden konnte.

Bei den Karten im Maßstab 1:200 000 sind allerdings bei dichterer römischer Besiedlung nicht alle Wüstungen aufgenommen, wie ein Vergleich der Kartenwerke zeigt. Der Maßstab ließ dies nicht zu und machte eine Generalisierung notwendig. Unter welchen Gesichtspunkten diese im Einzelnen erfolgte, ist unbekannt. Auf den während der letzten Jahre herausgegebenen Blättern der CARTE D'ALGERIE 1:200 000 Type 1960 sind die römerzeitlichen Wüstungen, von großen Ausgrabungsstätten abgesehen, leider nicht mehr verzeichnet.

Die archäologischen Atlanten, die für die Erstellung der Karte herangezogen wurden, sind der „Atlas archéologique de la Tunisie" von E. BABELON, R. CAGNAT ET AL. (1892—1913) im Maßstab 1:50 000 und der „Atlas archéologique de l'Algérie" von ST. GSELL (1911) im Maßstab 1:200 000. Beide Atlanten gründen sich weitgehend auf die in den topographischen Kartenwerken gemachten Angaben, enthalten aber z. T. weitergehende Informationen als diese. Schließlich wurde der bereits erwähnte, von PIGANIOL (1954) herausgegebene „Atlas des centuriations romaines" 1:50 000, der auf Luftaufnahmen basiert, und in dem nicht nur die Landvermessung sondern auch die Wüstungsplätze dargestellt sind, für die Verbreitung der nichtstädtischen Siedlungen ausgewertet. Ohne die Karten, namentlich des Maßstabs 1:50 000, und die Atlaswerke hätte der Versuch, die Siedlungsdichte zu erfassen, nicht gemacht werden können.

Es stellt sich natürlich die Frage nach der Zuverlässigkeit und Vollständigkeit der in den topographischen und archäologischen Karten gemachten Eintragungen der römischen Wüstungen (RR), und es war nötig zu versuchen, an Ort und Stelle diese Angaben zu überprüfen, zumal mehrfach bezweifelt wurde, ob alle diese Eintragungen RR tatsächlich römerzeitliche Wüstungen beträfen, z. B. DESPOIS (1955, S. 114).

Für die historisch-geographische Bearbeitung der Unterlagen war eigene Landeskenntnis und Autopsie zumindest einer größeren Zahl römischer Siedlungsplätze: von Städten, vici und ländlichen Siedlungen notwendig. Dem Erwerb der Landeskenntnis — der Verfasser kannte vorher intensiver nur die küstennahen Teile Tunesiens von der algerischen Grenze bis zur Grenze gegen Libyen durch Beobachtungen an zahlreichen an der Küste gelegenen römerzeitlichen Siedlungsplätzen —, der Autopsie der Siedlungsplätze und -reste sowie der Überprüfung der Verläßlichkeit der kartographischen Unterlagen dienten zwei längere in den Jahren 1966 und 1967 durchgeführte Reisen in Tunesien und Ostalgerien. Auf diesen konnten insgesamt über 1000 römerzeitliche Siedlungsstellen, und zwar ganz überwiegend ländliche Einzelsiedlungen in den verschiedensten Landesteilen aufgesucht werden, um z. B. anhand der Scherben- und Ziegelstreu sowie gegebenenfalls noch vorhandener Baureste die römerzeitliche Einordnung zu bestätigen und möglichst auch einen Anhalt für die Ausdehnung der Siedlungsstellen zu gewinnen, soweit diese aus den Eintragungen in den Karten bzw. den Angaben in den Atlanten nicht ersichtlich war. Das Ergebnis war, daß die Angaben RR auf den Karten sich als zuverlässig erwiesen, sowohl bezüglich der Lage wie der Zeitstellung, und, von wenigen Ausnahmen abgesehen, wo sie sich auf Grabdenkmäler, kleinere Brückenbauten, auch Zisternen und andere wassertechnische Bauten bezogen, stets Siedlungsplätze bezeichneten, wobei in den ariden Gebieten Zisternen und Dämme für Bewässerungsanlagen i. a. ja ebenfalls als Indikatoren für eine bodenstete agrare Besiedlung gelten können.

Einschränkend muß allerdings gesagt werden, daß es in der Regel nur möglich ist, bei den Karten des Maßstabs 1:50 000 die Siedlungsstellen, die heute oft nur noch durch Scherben, Leistenziegelbruchstücke und anderen Bauschutt im Gelände festzustellen sind, „auf Anhieb" zu lokalisieren. Bei den Karten der Maßstäbe 1:100 000 und 1:200 000 ist es dagegen oft zeitraubend, die Belege für die Eintragung zu finden, es sei denn, daß noch substantiellere Baureste vorhanden sind, wie es in den südlichen Gebieten, für die die Karten 1:50 000 fehlen, häufig der Fall ist. Nach den Erfahrungen bei der willkürlichen, stichprobenartigen Kontrolle der Blätter 1:50 000 — in Gebieten mit besonders zahlreich eingetragenen RR-Wüstungen wurde auch die Dichte kontrolliert — war anzunehmen, daß auch die Eintragungen auf den Karten kleinerer Maßstäbe zuverlässig sind. Doch wurden bei ihnen Kontrollproben gemacht. Nur in der Djeffara und in dem Hochland Südtunesiens, für die Blätter im Maßstab 1:100 000 vorliegen, und deren Verhältnisse näher kennenzulernen besonders interessant gewesen wäre, mußte davon Abstand genommen werden, und mußten für diesen Bereich der Karte die Angaben der topographischen Blätter ohne eigene Kontrolle übernommen werden.

Es ergibt sich schon allein aus den unterschiedlichen Maßstäben der einzelnen Kartenwerke, daß die Zuverlässigkeit der auf der vorliegenden thematischen Karte N 15 des Afrika-Kartenwerkes gemachten Aussagen über die Dichte der römischen bzw. romanisierten ländlichen Siedlungen nicht gleichmäßig sein kann. Das Diagramm der relativen Zuverlässigkeit bringt dies zum Ausdruck. Wo topographische Karten größeren Maßstabs und archäologische Atlanten vorliegen sowie Kontrollen im Gelände durchführbar waren, ist die Zuverlässigkeit wesentlich größer als in den Gebieten, für die keine Blätter 1:50 000 vorliegen, bzw. wo in neuen Blättern dieses Maßstabs die RR-Signatur nicht mehr aufgeführt wird, und daher auf Karten der Maßstäbe 1:100 000 oder 1:200 000 zurückgegriffen werden mußte.

Andererseits konnten über die Autopsie der auf den Karten verzeichneten Siedlungsstellen hinaus in einer ganzen Anzahl von Fällen römerzeitliche Wüstungen gefunden werden, die nicht auf den Karten verzeichnet waren. Sie ergaben, zunächst wegen ihrer Lage als „wüstungsverdächtig" angesprochen, beim Abgehen i. d. R. sichere Hinweise auf römerzeitliche Siedlungen. Gelegentlich gaben auch Befragungen von Einheimischen erste zusätzliche Hinweise, die dann bestätigt werden konnten. Es ist also damit zu rechnen, daß eine diesbezügliche, systematische archäologische Landesaufnahme die Zahl der bisher bekannten römerzeitlichen Wüstungen von ländlichen Einzel- und kleinen Gruppensiedlungen nicht unerheblich vermehren würde. Diese bei der Bearbeitung der Karte N 15 sich ergebende Vermutung wurde in jüngster Zeit durch LEVEAU (1975 a) bestätigt. Er versuchte als erster u. a. durch systematische Felduntersuchungen eines allerdings außerhalb des vorliegenden Blattes gelegenen Gebietes die Siedlungsverhältnisse zu klären und konnte dabei zahlreiche bisher nicht bekannte Wüstungen feststellen.

Die Autopsie so zahlreicher Siedlungsplätze wäre ohne den unermüdlichen Einsatz meiner seinerzeitigen studentischen Begleiter, Herrn DIETER WILHELM (1966) und Herrn DIETRICH BADEWITZ (1967) nicht möglich gewesen. Sie meisterten nicht nur als Fahrer oft recht schwierige Pisten, sondern halfen auch beim Abgehen der Siedlungsstellen und bei der Scherbensuche. Herr WILHELM unterstützte den Verfasser ferner hervorragend als studentische Hilfskraft bei der Aufarbeitung des Materials für den Entwurf der Karte. Beiden Herren, inzwischen lange in Geographie promoviert, sei auch an dieser Stelle für ihre wertvolle Hilfe und Mitarbeit herzlich gedankt. Desgleichen danke ich Herrn Karteningenieur DIETRICH RÜHLEMANN vom Geographischen Institut der Universität Bochum für seine wertvollen Ratschläge und die Ausführung des Entwurfs der Karte. Es ist aber vor allen Dingen dankbar zu betonen, daß nur die intensiven Arbeiten der französischen Vermessungsoffiziere und -ingenieure, Kartographen und Archäologen sowie der ihnen nachfolgenden tunesischen und algerischen Wissenschaftler den vorliegenden Versuch einer Karte der römischen Kulturlandschaft ermöglicht haben.

2   Die Siedlungen

Zu den wichtigsten Kulturlandschaftselementen gehören die Siedlungen. Für die beschreibende und die kartographische Darstellung der Kulturlandschaft sind ihr Erscheinungsbild (Physiognomie), ihre Größe und Funktion, ihre geographische und topographische Lage, ihre Verbreitung und Dichte von entscheidender Bedeutung. Dies gilt besonders stark, wenn für manche andere Elemente der Kulturlandschaft, wie z. B. für die landwirtschaftlichen Nutzflächen oder die Waldverbreitung, keine detaillierten Angaben vorliegen, wie es oft für ältere historische Kulturlandschaften der Fall ist. Daher sind auch auf einer historisch-geographischen Karte des römischen Afrika in erster Linie die Siedlungen darzustellen, zumal diese gut zu lokalisieren sind, und ihre Physiognomie, Funktion und Genese anhand des reichen archäologischen Materials, der epigraphischen und literarischen Quellen weitgehend erschlossen werden können.

2.1 Die Städte

2.1.1   Die römische Stadt und der geographische Stadtbegriff

Am besten unterrichtet ist man über jenen Siedlungstyp des römischen Afrika, den man gemeinhin mit „Stadt" bezeichnet. Dabei kommt es vom geographischen Standpunkt nicht so sehr darauf an, ob die betreffende einzelne „Stadt" mit einem bestimmten Rechtsstatus oder -titel, etwa als *colonia* oder als *municipium,* versehen war — obwohl dies wichtige

Hinweise bieten kann —, sondern ob sie in ihrer Physiognomie und in ihrer Funktion als städtisch anzusprechen ist bzw. war.

Um diese Frage beantworten zu können, ist zunächst festzustellen, worauf unsere Kenntnisse der Römerstädte Nordafrikas beruhen. Oft sind die antiken Schriftsteller, die Itinerarien und die Inschriften die einzigen Quellen, wenn etwa antike Städte bereits im Mittelalter vollständig überbaut wurden, so daß hier die archäologische Forschung erheblich erschwert ist, und man Näheres nur durch Ausgrabungen innerhalb der heutigen Städte erfahren könnte. Eine große Anzahl von Römerstädten ist jedoch nach dem Eindringen der Araber wüst gefallen und nicht wieder überbaut worden und bot so der archäologischen Ausgrabungstätigkeit wertvolle Objekte.

Dank der Tatsache, daß Nordafrika viele Jahrzehnte unter französischer Verwaltung stand, und die französischen Archäologen hier intensiv gearbeitet haben, ist eine Reihe antiker Städte, z. T. nahezu vollständig, häufiger in wesentlichen Teilen ausgegraben worden. So bieten namentlich Ostalgerien und Tunesien Römerstädte in einiger Zahl, an denen die Physiognomie und die Funktionen dieses Siedlungstyps studiert werden können. Natürlich war es nur möglich, einen Teil der zugänglichen antiken Städte auszugraben. Da jedoch hier wie in anderen römischen Provinzen bestimmte bauliche Züge stets wiederkehren, kann man auch für die bisher nicht freigelegten sowie für die überbauten Städte allgemein gültige Aussagen machen.

Dabei taucht die Frage auf, ob in den Städten des römischen Weltreiches und also auch des römischen Nordafrika alle Kriterien erfüllt waren, die heute für den geographischen Stadtbegriff gelten, oder ob nur einige dieser Merkmale vorhanden waren. Als notwendige und hinreichende Voraussetzungen dafür, daß eine Siedlung als Stadt bezeichnet werden kann, sind zu nennen (KLÖPPER 1956 a, S. 456):
1. eine deutliche Geschlossenheit und Dichte der Bebauung
2. eine gewisse Größe des Ortes
3. städtisches Leben
4. eine gewisse Zentralität

Diese modernen geographischen Kriterien für die Einordnung einer Siedlung in die Gruppe der Städte treffen nun in der Tat auf die Römerstädte Nordafrikas zu. Zunächst war allen eine geschlossene Überbauung des Geländes eigen, die gegen das Umland scharf abgegrenzt war. Die meist regelmäßige, geplante Anlage ihres Straßennetzes, die dichte Bebauung der Straßenblöcke (*insulae*) und die Ausstattung mit mehreren größeren öffentlichen Bauten hoben sie deutlich von den sie umgebenden ländlichen Siedlungen ab. Auch die Versorgung mit niederen Diensten, wie Wasserversorgung, Kanalisation und Abfallbeseitigung, die P. SCHÖLLER (1967, S. 4) als weiteres Kennzeichen für eine Stadt anführt, waren gegeben.

Von den gleichfalls durch dichtere Bebauung und gegebenenfalls einzelne öffentliche Bauten, namentlich Tempel, lokal auch Heilbäder gekennzeichneten *vici* — was vielleicht am besten mit „Flecken" zu übersetzen ist — unterschieden sie sich durch ihre Größe und die daraus zu erschließende zahlreichere Bevölkerung. Dabei gab es zwischen den einzelnen Städten natürlich erhebliche Unterschiede, wobei die Zahl der größeren Städte sehr begrenzt, die der kleineren recht groß war. Auf jeden Fall ist sicher, daß für eine große Zahl von Siedlungsplätzen auch das zweite Stadtkriterium, „eine gewisse Größe" zutraf.

Charakteristisch für jede römische Stadt war das Vorhandensein einer Anzahl öffentlicher Bauten und Einrichtungen, die den sozialen Bedürfnissen — im weitesten Sinne — der Stadt- und z. T. auch der Umlandbevölkerung dienten. Es handelte sich dabei um Profan- und Sakralbauten. Zu ersteren gehörten Fora und Basiliken, Markthallen, Thermen, Theater und Amphitheater und bei größeren Städten auch Odeen und Zirkusse. Auch Klubhäuser gewisser Vereinigungen der Stadtbewohner konnten vorhanden sein. Als Kultbauten sind die Tempel, eventuell Mithräen und später die Kirchen zu nennen.

Die Ausstattung mit öffentlichen Bauten gibt einen Anhalt für die Bedeutung der einzelnen Stadt. Sie ist ein Anzeichen für ihre Wirtschaftskraft wie für den Wohlstand ihrer Bürger, auf deren Stiftungen die öffentlichen Bauten z. T. zurückgingen.

Es unterliegt auch keinem Zweifel, daß Einrichtungen wie Thermen, Theater und Amphitheater, aber auch die Fora und die Sakralbauten den Bewohnern der Städte einen Lebensstil gaben, der sich von dem der Bewohner der *vici* und der ländlichen Streusiedlungen deutlich abhob. Auf Straßen, Plätzen und auch in den öffentlichen Bauten jeder römischen Provinzstadt herrschte zweifellos „städtisches Leben". Die stärkere berufliche und soziale Differenzierung der Stadtbewohner und das Bestehen von Vereinigungen unterschiedlicher Art ist gleichfalls dafür anzuführen.

Es bleibt die Frage nach den zentralen Funktionen, d. h. nach den Beziehungen der Stadt zu ihrem Umland und ihrem Hinterland zu stellen. Hierbei ist zu berücksichtigen, daß die unter Augustus verstärkt einsetzende „Urbanisierung des Römischen Reiches" (KORNEMANN 1963/1964, Bd. 2, S. 130) bedeutete, daß das Imperium Romanum sich in eine Vielzahl von Städten verschiedener Rechtsstellung gliederte, zu all denen Territorien sehr unterschiedlicher Größe gehörten. Das gesamte Staatsgebiet war gewissermaßen in ein Netz von Städten mit ihren Territorien gegliedert, zwischen denen allerdings z. T. recht ausgedehnte kaiserliche Domänen und in den Grenzgebieten auch Militärterritorien lagen. Für diese Territorien — ihr wirtschaftliches Umland, in dem mehr oder weniger zahlreiche Flecken (*vici*) und agrare Siedlungen unterschiedlicher Art lagen — übten die Städte zentrale Funktionen im Bereich der Verwaltung, der Kultur sowie bezüglich der Versorgung der Landbevölkerung mit gewissen Gütern aus.

Ob und wieweit einzelne Städte auch über ihr Territorium hinaus für ein ausgedehnteres Hinterland zentrale Funktionen ausübten, ist an Hand der Quellen nur in einzelnen Fällen zu sagen. Sicher ist dies für eine Anzahl von Hafenstädten, über die die Ausfuhr der Landesprodukte erfolgte, und die sicher auch Verteiler gewisser spezieller Einfuhrgüter waren. Ferner befanden sich in manchen Städten Einrichtungen der Provinzialverwaltung, wie etwa zur Erhebung von Steuern (*annona*), oder die Stadt war Sitz des Verwalters benachbarter kaiserlicher Domänen.

Zusammenfassend läßt sich also sagen, daß die im folgenden gemeinhin als „Städte" bezeichneten Siedlungen Nordafrikas voll und ganz die Kriterien der geographischen Stadtdefinition erfüllten.

2.1.2 Die Physiognomie der Städte

Historisch-geographisch wichtig ist zunächst die Physiognomie der Stadt, das Stadtbild, das vom Baukörper in Verbindung mit der topographischen Lage bestimmt wird. Bei der

Darstellung des Erscheinungsbildes der römischen Städte Nordafrikas ist man bezüglich ihrer Baukörper auf die ausgegrabenen Beispiele und auf Analogieschlüsse — wo Ausgrabungen fehlen — angewiesen. Wie oben bereits angedeutet wurde, waren allen Städten gewisse Kennzeichen eigen, die hier nur kurz erwähnt seien.

Für die von den Römern neu gegründeten Städte war charakteristisch, daß sie durch zwei senkrecht aufeinander stehende Hauptachsen, den *decumanus maximus* und den *cardo maximus* sowie durch ein rechtwinklig angeordnetes Straßennetz gegliedert wurden. Diese geplante Anlage gab der Stadt eine gute Übersichtlichkeit. Die von den Straßen begrenzten Baublöcke (*insulae*) waren in der Regel gleich groß und mehr oder weniger dicht mit privaten und öffentlichen Bauten besetzt. An den Enden der zwei Hauptachsen standen häufig repräsentative Torbauten oder einem Kaiser gewidmete Triumphbögen, die der betreffenden Straße einen ornamentalen Abschluß gaben. In diesen Hauptstraßen, die gelegentlich mit Kolonnaden versehen waren, lagen vielfach Werkstätten und Läden der Handwerker sowie Verkaufsräume von Händlern, doch hatten manche Städte auch Markthallen. Die öffentlichen Bauten nahmen infolge ihrer Größe oft mehrere *insulae* ein und lagen namentlich in der Mitte der Stadt, vielfach um das Forum gruppiert. Die Wohnviertel waren um diesen Kern der Stadt angeordnet. Sie wiesen in der Größe der Grundstücke und der Wohnbauten häufig Unterschiede auf, die durch den sozialen Stand der Bewohner bedingt waren. In größeren Städten entstand dadurch eine Viertelbildung, worauf Lézine (o. J.) für Carthago hinweist. So zeigten zumindest die größeren Städte eine deutliche Gliederung des Stadtkörpers nach Funktion und Physiognomie.

Das Bestehen der einzelnen Städte über mehrere Jahrhunderte ließ neben der ursprünglichen Anlage der Stadtgründung hier und da weitere Stadtviertel mit gelegentlich anders ausgerichtetem oder auch aufgelockertem Schema entstehen, in denen dann auch weitere öffentliche Bauten errichtet wurden. Dies wird z. B. bei Thamugadi deutlich, wo die im Jahre 100 n. Chr. gegründete regelmäßige Rechteckanlage im 2. Jh. und am Anfang des 3. Jh. erheblich erweitert wurde (Courtois 1951).

Es ist eine z. T. noch offene Frage, wieweit die Gestaltung vorrömischer Städte oder stadtähnlicher Siedlungen, die weiter bestanden, den Stadtplan der sich aus ihnen entwickelnden römerzeitlichen Städte beeinflußte: ob ihr Grundriß übernommen, ob er bei ihrer Romanisierung weiter entwickelt wurde oder ob gelegentlich eine Neuanlage nach dem Schachbrettschema an die Stelle der älteren Siedlung trat. Ein recht unregelmäßiges Straßennetz wiesen z. B. Thuburbo Maius und Thugga auf, wo sich offensichtlich im großen und ganzen der vorrömische Grundriß erhielt, und dies dürfte auch für eine größere Zahl kleiner Städte zutreffen, die auf vorrömische Wurzeln zurückgingen.

Neben dem Grundriß war für das Stadtbild der Aufriß von Bedeutung. Die überwiegende Mehrzahl der *insulae* war mit ein- oder zweigeschossigen Wohnhäusern im Peristylstil bebaut. Aus ihrer Baumasse hoben sich die größeren öffentlichen Bauten, wie z. B. die großen Thermen und die vielfach auf natürlichen Erhöhungen oder auf Podesten errichteten Tempel, namentlich des Kapitols, nicht nur in ihrer flächenmäßigen sondern auch in ihrer vertikalen Ausdehnung ab. Dies gilt in gleichem Maße für die nach Plan angelegten römischen Neugründungen wie für die romanisierten Städte aus punischer oder numidischer Wurzel.

In den Küstenstädten waren als weitere Bauelemente die Hafenanlagen mit Molen, Kais, Lagerhäusern sowie, zumindest gelegentlich, auch repräsentativen Bauten vorhanden.

Schließlich sind die vor den Städten liegenden, oft in Mehrzahl vorhandenen Friedhöfe mit ihren z. T. stattlichen Mausoleen und anderen Grabbauten sowie Gewerbeanlagen, die aus Platzgründen oder, wie etwa bei Töpferwerkstätten, wegen der Brandgefahr außerhalb der Städte liegen mußten, als zu den Städten gehörendes Siedlungselement zu nennen.

2.1.3 Die Verbreitung und Lage der Städte

Die Verbreitung und Dichte der Städte war in den einzelnen Landschaften des Blattbereichs N 15 sehr unterschiedlich. Wegen ihrer Bedeutung für die Kulturlandschaft ist näher darauf einzugehen. Dabei sind auch die Lagebeziehungen der Städte zueinander und, wenn möglich, ihre Funktionen und ihre Genese zu behandeln. Die Straßenverbindungen werden dabei sinnvollerweise mitgenannt.

Die im folgenden angeführten historischen Angaben über die einzelnen Städte gründen sich auf die Arbeiten von GASCOU (1972), TEUTSCH (1962) und VITTINGHOFF (1951), in denen z. T. auch kurze Hinweise zur Lage und Funktion gegeben werden. Ferner wurden die einschlägigen Artikel in der REAL-ENCYCLOPÄDIE von PAULY-WISSOWA-KROLL, der auch fast stets in der Namenschreibung gefolgt wird, herangezogen. Weitere verwendete Quellen sind im Literaturverzeichnis genannt. Ferner ist zu bemerken, daß die überwiegende Mehrzahl der Stadtlagen und der Ruinenstätten dem Verfasser durch Autopsie bekannt ist.

Nach ihrer geographischen Lage kann man die Städte in mehrere Gruppen zusammenfassen, nämlich

1. die Küstenstädte der Nord- und Ostküste,
2. die Städte des Tell im Gebiet des Küstenatlas, des Medjerdatales bzw. der Ebene der mittleren Medjerda und des daran angrenzenden Hügellandes,
3. die Städte des inneren Hochlandes: in Algerien des Hochlandes der Chotts, in Tunesien des Hochlandes nördlich und südlich des „Tunesischen Rückens",
4. die Städte des osttunesischen Sahel,
5. die Oasenstädte des Südens.

2.1.3.1 Die Küstenstädte der Nord- und Ostküste

Längs der Nordküste reihten sich von W nach E bei einer Luftlinienentfernung von ca. 350 km von der Mündung des Oued el Kebir bis zum Cap Blanc vier bedeutende Städte und vier weitere größere, wahrscheinlich städtische Siedlungen auf.

An der A m p s a g a (Oued el Kebir)-Mündung lag T u c c a, dessen Größe und Bedeutung nicht näher bekannt, dessen geographische Lage aber von Interesse ist. Das Tal des Ampsaga trennt das Gebirgsland der Kleinen Kabylei von den Bergen der Kabylei von Collo und bietet über Milev eine gute Verbindung zum Bergland von Constantine, wo das bedeutende Cirta lag, zu dessen politischen und wirtschaftlichen Einflußbereich Tucca wohl stets gehörte (TEUTSCH 1962, S. 176—181). Durch eine Straße längs der Küste mit Ilgilgili (Djidjelli) im W und durch eine das Bergland von Collo querende Straße mit Chullu im E verbunden war es wie von seinem Hinterland auch von den benachbarten Küstenstädten gut zu erreichen. Da ihm infolge seiner Lage zwischen den genannten Gebirgen ein größeres agrares Umland fehlte — aus der Umgebung sind auch keine ländlichen römischen Siedlungen bekannt geworden —, mag seine Aufgabe darin gelegen haben, im Zuge der ungefähr der Küste folgenden E-W-Straßenverbindung eine Etappenstation zu bilden, von der aus auch das Landesinnere gut zu erreichen war, und von wo aus die umliegenden Gebirge, falls notwendig, unter Kontrolle gehalten oder auch zur Holzgewinnung erschlossen werden konnten. Wahrscheinlich hatte die Stadt auch eine bescheidene Hafenfunktion für das Hinterland um Milev.

Nach E folgte Chullu (Collo), ursprünglich zum Territorium von Cirta gehörend und auch noch, wohl seit Trajan, als „nominelle" colonia, Colonia Minervia Chullu (GASCOU 1972, S. 111—115) eng mit diesem bis gegen Ende des 3. Jh. verbunden. Die Stadt lag am Ostrande der Kabylei von Collo und am Nordrande der kleinen Mündungsebene des Oued Guebli. Ihr fehlte wie Tucca ein größeres agrares Umland. Ihre Ortslage auf dem Hals einer kleinen, sich nach NE erstreckenden Halbinsel bot an ihrem Südgestade einen gegen N und NW gut geschützten Hafenplatz, während bei S- und SE-Winden die Bucht im Norden der Stadt den Schiffen Schutz bieten konnte. Es lag hier einer der bei frühen antiken Häfen häufig zu beobachtenden Fälle vor, daß je nach Wetterlage zwei verschieden exponierte Hafenbuchten zur Verfügung standen.

Der Platz diente bereits in punischer Zeit als Stützpunkt für die Schiffahrt und als Ort für die Purpurgewinnung. Er wurde schon früh — unter P. Sittius — von Römern besiedelt, war einer der Häfen Cirtas und gehörte zu den vier cirtesischen „Kolonien". Außer dem Hafen war die auch in römischer Zeit weitergeführte Purpurgewinnung wohl die wichtigste wirtschaftliche Grundlage der Stadt, über deren Größe noch keine Aussagen möglich sind. Sie hatte direkte Straßenverbindungen nach Milev und namentlich Cirta sowie nach E zu der nächsten Küstenstadt Rusicade (Skikda). Diese war gleichfalls eine sittische, zum Gebiet von Cirta gehörende Gründung und führte vermutlich seit Trajan den Namen Colonia Veneria Rusicade (GASCOU 1972, S. 113). Zweifellos war sie, da Cirta am nächsten gelegen, der wichtigste Hafen dieses Küstenabschnitts. Auch hier ist, wie bei Chullu, die Stätte der antiken Stadt überbaut, jedoch waren bei der Gründung von Skikda noch ansehnliche Baureste, z. B. eines Theaters und eines Amphitheaters, vorhanden.

Südöstlich vom Cap de Fer, an der Westküste der Edough-Halbinsel, bestand die Küstensiedlung Culucinatis. Die heute sichtbaren Baureste lassen vermuten, daß dieser auf der Peutinger Tafel verzeichnete Ort nur eine bescheidene Größe hatte. Jedoch ist mangels Ausgrabungen über den Charakter dieser Siedlung noch keine nähere Aussage zu machen. Bei Tacatua (Takouch), das gegen NW- und N-Winde gut geschützt nahe der NE-Spitze der Edough-Halbinsel lag und bei Ptolemaeus und in den Itinerarien erwähnt wird (TREIDLER 1932, RE 2. Reihe 4. Bd. Sp. 1985), dürfte es sich um eine kleine Stadt gehandelt haben. Beide Orte lagen an der Küstenstraße und dienten an diesem verhältnismäßig exponierten Küstenabschnitt sicher auch als Stützpunkte für die Schiffahrt.

Wo die Gebirgsküste der Edough-Halbinsel endet und von einer Flachküste abgelöst wird, lag an der Mündung des Ubus (Oued Seybouse) Hippo Regius (Annaba), eine phönizische Gründung, die sich schon in vorrömischer Zeit zu einer bedeutenden Hafenstadt entwickelt hatte (TEUTSCH 1962, S. 163). Sie wurde von Augustus zu einem *municipium*, wohl latinischen Rechts (TEUTSCH 1962, S. 163—164), und wahrscheinlich in flavischer Zeit, zwischen 78 und 96 n. Chr. (GASCOU 1972, S. 34) zur Colonia Augusta Hippo Regius erhoben. Während die moderne Stadt, eine arabische Gründung, nördlich der Seybouse-Mündung liegt, lag die antike Stadt am Westufer der Mündung und hatte in dieser ihren Hafen (LEHMANN-HARTLEBEN 1923, S. 256). Das Gelände der antiken Stadt ist nur z. T. von den Ausläufern Annabas überbaut, und ein Teil von Hippo Regius ist durch Ausgrabungen freigelegt worden. Forum, Theater und Thermen geben einen Hinweis auf die erhebliche Bedeutung und Wohlhabenheit der Stadt.

Am NW-Rand einer fruchtbaren Ebene gelegen, in der auch eine Anzahl *villae rusticae* festgestellt wurde, besaß die Stadt ein offensichtlich intensiv genutztes agrarisches Umland. Wichtiger war aber ihre Verkehrslage: eine Hauptstraße führte nach S durch das Gebirge über Thubursicum Numidarum und durch den östlichen Teil des Hochlandes der Chotts nach Theveste, zeitweise Standort der Legio III und später eine bedeutende Stadt, von der aus der Limesbereich am Südrand der Nementchaberge und östlich davon auf mehreren Straßen erreicht werden konnte. Weitere Straßen verbanden Hippo Regius mit Thuburnica in der westlichen Bagradas (Medjerda)-Ebene und mit Calama im mittleren Ubus-Tal, zwei fruchtbaren und dicht bevölkerten Gebieten. So konnte der Hafen von Hippo Regius ein weites Hinterland erschließen.

Über den Charakter von Tuniza (El Kalal) zwischen Hippo Regius und Thabraca ist nichts Näheres bekannt. VITTINGHOFF (1966, S. 233) nimmt an, daß dieser Ort oder Tunes mit dem bei Plinius genannten oppidum liberum Tunisense gleichzusetzen ist, doch ist diese Frage bisher nicht zu entscheiden. Auch über Tunizas Verbindungen mit dem Hinterland ist noch kaum etwas bekannt, es dürfte hauptsächlich als Stützpunkt für die Küstenschiffahrt und für den Verkehr auf der Küstenstraße gedient haben.

Erhebliche Bedeutung hatte Thabraca (Tabarka). Es lag an einer durch ein Vorgebirge und eine kleine Insel geschützten Bucht am Rande einer mit *villae rusticae* besiedelten Alluvialebene am Fuß des Kroumirgebirges. Bereits in phönizisch-punischer Zeit war es ein wichtiger Hafen und wurde wahrscheinlich von Augustus zur Colonia V. P. Iulia Thabracenorum erhoben (TEUTSCH 1962, S. 162—163). Sein Hafen diente der Ausfuhr des numidischen Marmors, der bei Simitthus gebrochen wurde, des Getreides aus dem Gebiet von Bulla Regia (GASCOU 1972, S. 118) und des Holzes aus den Gebirgswäldern (BONNIARD 1934, S. 327). Das zwischen der Küste und der fruchtbaren Ebene des mittleren Bagradas gelegene Gebirge wurde von einer Straße überquert, deren Paßhöhe bei etwa 750 m ü. d. M. lag. Sie teilte sich am Südabfall des Gebirges in zwei Äste, die nach Simitthus bzw. Bulla Regia führten und dort auf die von E nach W verlaufende Straße trafen. So war Thabraca trotz seiner verhältnismäßig isolierten Lage gut mit einem leistungsfähigen Hinterland verknüpft.

Beim Candidum Promontorium (Cap Blanc) endet die von den Gebirgszügen des Tellatlas begleitete N-Küste. Ein abwechslungsreiches Hügel- und Alluvialland öffnet sich in von kleinen Vorgebirgen gegliederten Buchten bis zur Halbinsel Cap Bon nach NE.

Hier lagen einige Küstenstädte, die aber alle im Schatten Carthagos standen. Dieses wurde nach seiner völligen Zerstörung im Jahre 146 v. Chr. endgültig unter Octavian 44 v. Chr. als römische Kolonie, Colonia Iulia Concordia Carthago, neu gegründet (VITTINGHOFF 1951, S. 82). Sie entwickelte sich nächst Alexandria zur größten Stadt Afrikas. Ihr ausgedehntes, in regelmäßigem Kataster ausgelegtes Stadtgebiet (LÉZINE o. J., S. 37—38) soll mit den Vorstädten 300 000 Einwohner gehabt haben (so zuletzt G. CH. PICARD 1962, S. 128). Diese auch von älteren Autoren vertretene Annahme ist nicht ohne Widerspruch geblieben, und LÉZINE (1969, S. 76) schätzte die gesamte Einwohnerzahl der „agglomération Carthage" auf 80 000—85 000 Menschen. So war das römische Carthago eine „Weltstadt" oder zumindest eine sehr bedeutende Großstadt, die wirtschaftliche und — seit nicht genau bekanntem Datum — auch die verwaltungsmäßige Hauptstadt einer dicht besiedelten, fruchtbaren Provinz, deren Abgrenzung infolge der Änderungen der Provinzgrenzen im Lauf der römischen Zeit allerdings wechselte.

Einige dreißig Kilometer nordwestlich Carthagos lag an der Bagradasmündung auf und am Fuß eines nach E vorspringenden Hügelsporns, der einst offensichtlich eine Halbinsel war, Utica. Es ging auf die erste phönizische Gründung in Afrika zurück, die möglicherweise bereits am Ende des 11. Jh. v. Chr. erfolgte und den Tyrern als Stützpunkt für ihre Handelsfahrten nach Gades (Cadiz) diente (G. CH. PICARD 1957 a , S. 66—70). Es entwickelte sich bereits in vorrömischer Zeit zu einer wichtigen Handelsstadt. Nach der Zerstörung Carthagos zunächst als *oppidum liberum* Sitz des Provinzialstatthalters von Africa wurde die Stadt 36 v. Chr. von Octavian zum *municipium* erhoben (TEUTSCH 1962, S. 161). Seine Stellung als Provinzhauptstadt mußte es später an das wiedererstandene Carthago abgeben, wurde aber von Hadrian, wohl auf eigenes Ansuchen, mit dem Rechtstitel einer *colonia* mit dem Namen Colonia Iulia Aelia Hadriana Augusta Utika begabt (GASCOU 1972, S. 119—122). Unter Septimius Severus erhielt sie ferner, gleichzeitig mit Carthago, das *ius Italicum*, d. h. die Befreiung von der Boden- und Kopfsteuer, und damit das höchste Bodenrecht einer römischen Kolonie (BENGTSON 1970, S. 370). Stets Rivalin Carthagos konnte die Stadt dank ihres fruchtbaren Hinterlandes und ihres Hafens ihre wirtschaftliche Bedeutung behaupten, bis im Verlauf des 3. Jh. die Anschwemmungen des Bagradas den Hafen versanden ließen.

Hippo Diarrhytus (Bizerte), ebenfalls eine phönizische Gründung, hat trotz der Erhebung zur Colonia Iulia Hippo Diarrhytus (wahrscheinlich) durch Augustus (GASCOU 1972, S. 21) anscheinend keine größere Bedeutung erlangt (TEUTSCH 1962, S. 162), und das gleiche dürfte für Tunes (Tunis) gelten, über das infolge der Überbauung und mangels ausreichender anderer Quellen keine näheren Angaben möglich sind. Wie bei der Erwähnung von Tuniza (s. S. 12) angedeutet wurde, ist Tunes möglicherweise mit dem oppidum liberum Tunisense, das Plinius nennt, gleichzusetzen (VITTINGHOFF 1966, S. 233), doch muß diese Frage noch offen bleiben.

Tunes benachbart lag als nächste größere Küstensiedlung Maxula, die von den meisten Autoren als augusteische Koloniegründung angesehen wird (GASCOU 1972, S. 25). Dieser Auffassung steht VITTINGHOFF (1966, S. 230) mit einer gewissen Reserve gegenüber, und TEUTSCH (1962, S. 43—47) lehnt sie ab, da er, wahrscheinlich zu Recht, die Quellen für nicht eindeutig genug hält. Die genaue rechtliche Stellung Maxulas erscheint demnach als unsicher, und auch über die Größe und Bedeutung dieser, wohl städtischen

Siedlung lassen sich mangels hinreichender Bodenfunde noch keine sicheren Angaben machen. Maxula lag wahrscheinlich bei Radès, westlich der Catada (Oued Miliane)-Mündung am Südende der Nehrung, die den See von Tunis vom Meer trennt. Dagegen meint GASCOU (1972, S. 25 Fußn. 1), daß die Stätte der Kolonie möglicherweise einige Kilometer weiter östlich bei Hammam Lif lag, wo ebenfalls Siedlungsspuren gefunden wurden, und daß bei Radès ein bei Ptolemaeus erwähnter zweiter Ort namens Maxula bestand. Die Lage bei Hamman Lif erscheint aber für eine größere, städtische Siedlung oder gar eine Siedlungskolonie aus topographischen Gründen unwahrscheinlich, da der hier nur 800—1000 m breite Durchlaß zwischen dem steil nach N abfallenden Djebel bou Kournine und dem Meeresufer sich kaum für die Anlage einer Stadt geeignet haben dürfte.

Die Kette der Küsten- oder küstennahen Städte setzte sich nach E mit Gumis (Soliman) fort. Diese Stadt lag an der südlich des Golfes von Tunis nach E führenden Straße, wo sich diese in Richtung Carpis bzw. Curubis gabelt. Über ihre Größe und Bedeutung sind noch keine Aussagen möglich.

An der SW-Küste der Halbinsel Cap Bon lag die Colonia Iulia Carpis, die wahrscheinlich von Caesar gegründet wurde (TEUTSCH 1962, S. 112—113). Am Südfuß des Djebel bou Kourbous etwa 1,5—2 km landein gelegen besaß sie an der Küste einen Hafen. Über ihre Topographie ist man mangels Ausgrabungen noch nicht unterrichtet, doch sind Thermen und ein Amphitheater nachgewiesen. Das im NW der Halbinsel gelegene Missua (Sidi Daoud) muß als Hafenstadt einige Bedeutung gehabt haben, da ihre Kaufleute, wie auch die von Curubis (s. u.), eine Vertretung in Ostia hatten (COURTOIS 1954, S. 193). Über den Rechtsstatus der Stadt ist nichts bekannt.

An der SE-Seite der Halbinsel Cap Bon lagen Clupea (Kelibia), Curubis (Korba) und Neapolis (Nabeul), deren Gründungen als Siedlungskolonien durch Caesar bzw. im Falle von Neapolis durch Octavian erfolgten (TEUTSCH 1962, S. 106—112). Sie knüpften an vorrömische Hafenstädte an, die schon früh Bedeutung für den Verkehr zwischen Afrika und Sizilien hatten. Neben dem Handel und Verkehr war die seit punischer Zeit weitgehend auf Baumkulturen ausgerichtete Landwirtschaft ein wichtiger Erwerbszweig ihrer Bewohner, und daneben scheint auch die Fischerei, zumindest in Neapolis, eine Rolle gespielt zu haben. Eine vor kurzem dort ausgegrabene garum-„Fabrik" oder Fischsalzerei (DARMON 1968, S. 275) gibt dafür einen Hinweis.

Die nach S folgende Küste des Golfes von Hammamet wird auf weite Strecken von periodisch überschwemmten Sebkhen begleitet, die gegen das Meer durch meist ziemlich breite Nehrungen abgeschlossen werden. Auf diesen Nehrungen lagen zwar villae rusticae oder urbanae, doch entwickelte sich hier mit Ausnahme von Orbita keine größere Siedlung. Größe, Rechtsstellung und Funktion dieses Ortes sind nicht bekannt, nach den oberflächlich sichtbaren Bauresten handelte es sich vermutlich nur um einen vicus. Die Stätte von Orbita (lokalisiert im ATLAS DES CENTURIATIONS ROMAINES 1954, Bl. 43 Enfidaville) liegt an einer flachen Senke, die die Nehrung von der Sebkha Assa Djiriba zum Meer hin quert und wahrscheinlich gelegentlich den Abfluß der Sebkha bildet oder auch umgekehrt, bei entsprechenden Wetterlagen, Meerwasser in die Sebkha fließen läßt.

Wo etwa 25 km nördlich Sousse bei Hergla Strandseen und Nehrung zunächst enden, lag auf einer ca. 15 m hohen kleinen Erhebung Horrea Caelia, von dem aus, wie der

Name andeutet, Getreide verschifft wurde. Ausgedehntere Baureste finden sich im Kliff und am Strand (*in situ*) unmittelbar nördlich des heutigen großen Dorfes, unter dem möglicherweise ein Teil der antiken Siedlung liegt. Größe und Rechtsstellung dieser wahrscheinlich städtischen Siedlung sind noch nicht bekannt.

Die bedeutendste Stadt an der Ostküste war Hadrumetum (Sousse), seit Trajan *colonia* mit dem Namen Colonia Concordia Ulpia Traiana Augusta Frugifera Hadrumetum (GASCOU 1972, S. 67—75). Sie lag an einem Küstenpunkt, an dem das Hügelland des Sahel unmittelbar an das Meer grenzt und nicht wie nördlich und südlich der Stadt durch Strandseen oder einen Dünengürtel von diesem getrennt wird. Von hier aus waren auch nach S, SW und NW gute Verkehrsverbindungen mit dem weiteren Hinterland gegeben. Die Stadt, eine phönizische Gründung, war in punischer wie in römischer Zeit der wichtigste Handelsplatz und Hafen der Ostküste für die Ausfuhr landwirtschaftlicher Produkte des Sahel, zunächst für Getreide, später für Olivenöl. Wahrscheinlich seit Trajan Sitz eines Prokurators für die kaiserlichen Domänen des Hinterlandes (GASCOU 1972, S. 74) hatte sie auch als Verwaltungssitz eine gewisse Bedeutung, die sich steigerte, als sie anläßlich der Reichsreform Diokletians Hauptstadt der Provinz Byzacena wurde. Nach G. CH. PICARD (1962, S. 128) hatte Hadrumetum etwa soviel Einwohner wie Sousse, doch erscheint dies sehr fraglich, da über die genaue Ausdehnung und die Dichte der Bebauung der antiken Stadt nichts Näheres bekannt ist. Das moderne Sousse mit (1946) ca. 36 000 Einwohnern (DESPOIS 1955, S. 456) ist zweifellos ausgedehnter als es die römische Stadt war, welche wohl eher ca. 20 000 Einwohner — wie Sousse zu Anfang des 20. Jh. — zählte. Die antike Stadt war seit dem Altertum ständig überbaut, unter der Herrschaft der Aghlabiden erlebte sie eine neue Blüte im 9. Jh. n. Chr.. Daher sind im Bild der heutigen Stadt keine baulichen Zeugnisse aus römischer Zeit überkommen. Nur die bedeutenden Katakomben und Spuren von Thermen und einem Theater am Westrand von Sousse geben Zeugnis von der einstigen Bedeutung Hadrumetums.

Südöstlich und südlich von Hadrumetum reihten sich längs der Küste des Sahel, oft an kleinen Vorgebirgen gelegen, weitere Städte oder stadtähnliche Siedlungen unterschiedlicher Rechtsstellung auf, die zu einem großen Teil bereits in phönizisch-punischer Zeit als Hafen- und Handelsplätze bestanden. Soweit sie sich, wie auch Utica und Hadrumetum, im 3. Punischen Krieg auf die Seite Roms gegen Carthago gestellt hatten, behielten sie als „freie Städte" (*populi liberi, oppida libera*) die Immunität ihres Gebietes und ihre freie Selbstverwaltung. An der Ostküste waren dies nach einer Quelle aus dem Jahre 111 v. Chr. die Städte Thapsus, Leptis Minor und Acholla (GASCOU 1972, S. 15). Später nennt Plinius einige weitere dieser Küstenstädte in einer Liste der *oppida libera* (TEUTSCH 1962, S. 82—90).

Die Stadt Ruspina lag auf einem flachen, von der ca. 20 m hohen Monastirterrasse gebildeten Vorgebirge etwa an der Stelle des heutigen Monastir. Dieser Küstenvorsprung und die auf ihm liegende Stadt wird durch eine große, sich nach N zum Meer hin öffnende Sebkha gegen das Hinterland abgeschlossen. Es war von Natur aus, d. h. vor dem Bau einer Kunststraße, wie sie bereits in römischer Zeit, streckenweise Ausläufer der Sebkha querend, gebaut wurde, nur von S über einen schmalen, an der engsten Stelle knapp 1,5 km breiten Isthmus gut zugänglich. Die Stadt war eine phönizische Gründung. Sie spielte in dem afrikanischen Feldzug Caesars eine Rolle, der sich von hier aus gegen

Thapsus wandte, wo er am 6. April 46 v. Chr. die Pompeianer vernichtend schlug (BENGTSON 1970, S. 229). Von Plinius wird Ruspina unter den *oppida libera* aufgeführt (TEUTSCH 1962, S. 89), doch ist es nicht sicher, seit wann sie diesen Status hatte, und wie ihre weitere Entwicklung verlief.

Leptis Minor (Lepti Minus, bei Lamta) lag an einem vom Hinterland gut zugänglichen geraden Küstenabschnitt und war ebenfalls eine phönizische Gründung. Sie gehörte nach der Zerstörung Carthagos zu den *populi leiberi* und wird zu Caesars Zeit eine *civitas libera et immunis* genannt (TEUTSCH 1962, S. 88). GASCOU (1972, S. 80—81) vertritt die Ansicht, daß die Stadt unter Trajan zur *colonia* erhoben wurde, TEUTSCH (1962, S. 144) hielt die bisher vorhandenen Hinweise für die Verleihung des Rechtsstatus einer *colonia* für nicht hinreichend. Die Hafen- und Handelsstadt übte in der Kaiserzeit auch als Verwaltungszentrum eines Domänenbezirks (DESSAU 1925, RE 1. Reihe 24. Halbbd. Sp. 2076) eine zentrale Funktion für das Hinterland aus.

Wo die Küste aus ESE- in NS-Richtung umbiegt, lag am Ras Dimasse Thapsus. Die Stadt war nur von WNW und S zugänglich, da westlich und südwestlich von ihr die große Sebkha M'ta Moknine den Zugang aus dem Hinterland erschwerte. Auch Thapsus war eine phönizische Gründung, entwickelte sich bereits in vorrömischer Zeit zu einer bedeutenden Stadt und war dann nach 146 v. Chr. „freie Stadt" (*populus liber*). Auch in der Kaiserzeit war sie eine wichtige Hafenstadt, über deren späteren Rechtsstatus aber noch keine Angaben zu machen sind (TREIDLER 1935, RE 2. Reihe 10. Halbbd. Sp. 1285—1287).

Als nächste größere Siedlung folgte Gummi (Mahdia), das auf einer schmalen, nur etwa 1,2 km breiten, nach E vorspringenden felsigen Halbinsel, dem Kap Afrika lag, die durch einen sandigen Tombolo mit dem Festland verbunden ist. Dieser Platz bot den Phöniziern eine gute Schutzlage für einen Handelskontor, sowie südlich und nördlich der Halbinsel einen „Doppelhafen", der je nach Wetterlage angelaufen werden konnte. Diese hervorragenden Eigenschaften der Ortslage führten dazu, daß hier zu Beginn des 10. Jh. n. Chr. unter dem ersten Fatimiden eine arabische Stadt gegründet wurde, die im Laufe der Jahrhunderte eine äußerst bewegte Geschichte hatte, wohl ein Grund dafür, daß über die Anlage der römischen Stadt nichts bekannt ist.

Sullectum, der nächste Hafenplatz nach S, lag an dem kleinen Küstenvorsprung Ras Salakta. Der Ort, eine phönizisch-punische Gründung, war in römischer Zeit eine größere Siedlung — worauf die Baureste längs des Meeresufers hindeuten — über deren Entwicklung und Rechtsstellung aber noch nichts Näheres bekannt ist.

Bei dem flachen Vorgebirge Caput Vada (Ras Kaboudia) lag vermutlich Alipota (G. CH. PICARD 1947, S. 558). Die etwa 1,5 km nordöstlich des heutigen Chebba in und über dem niedrigen Kliff steckenden Baureste könnten die Stätte dieses Ortes angeben. Im ATLAS ARCHÉOLOGIQUE DE LA TUNISIE (Bl. 82 Chebba) wurde an dieser Stelle Ruspae (s. u.) fälschlicherweise lokalisiert. Der Lage an einem markanten Küstenvorsprung nach könnte auch hier bereits in phönizisch-punischer Zeit ein Handels- und Hafenplatz bestanden haben, doch ist über die Geschichte und Bedeutung dieses Platzes noch keine sichere Aussage zu machen. In byzantinischer Zeit wurde nach Belisars Landung am Caput Vada im Jahre 535 n. Chr. hier durch Iustinian eine neue Stadt, Iustinianopolis, gegründet, die Markt- und Hafenfunktionen hatte (DESPOIS 1955, S. 128).

Acholla, dessen Lokalisierung am Ras Bou Tria erst 1947 gesichert wurde, soll von Malta aus durch phönizische Kolonisten gegründet worden sein. Der Ort erlangte als Hafen- und Handelsplatz Bedeutung, stellte sich im 3. Punischen Krieg auf die Seite Roms und bewahrte dadurch als „freie Stadt" ihren Besitzstand und ihre Freiheit, so daß sie ihren Seehandel weiter ausbauen konnte. Während Caesars afrikanischen Feldzugs ergriff sie sogleich nach dessen Landung seine Partei, was nach Caesars Sieg wiederum günstig für die weitere Entwicklung der Stadt war (G. Ch. Picard 1947, S. 557—562). Wie die Ausgrabungen erwiesen, herrschte im 2. Jh. — zumindest bei den führenden Familien — ein erheblicher Wohlstand, und aus einer in einer *villa urbana* gefundenen Inschrift ist zu entnehmen, daß zur Zeit des Kaisers Commodus ein Bürger der Stadt römischer Senator wurde (G. Ch. Picard 1953, S. 121—132).

Die Reihe der römischen Küstensiedlungen setzten Ruspae, Usula und Taparura (Sfax) fort. Die beiden ersteren hatten, soweit man bisher weiß, nur eine bescheidene Größe, doch möglicherweise städtischen Charakter. Ruspae war im frühen 6. Jh. Sitz des Bischofs Fulgentius, was für eine gewisse Bedeutung, zumindest in byzantinischer Zeit spricht. Da das antike Taparura völlig überbaut ist, ist über seine Größe und Anlage nichts bekannt, und auch über seine Geschichte und Rechtsstellung ist man nicht hinreichend unterrichtet. Die antike Stadt diente im 9. Jh. als Steinbruch bei dem Bau der aghlabidischen Stadt, die an ihrer Stelle entstand.

Gegenüber Taparura, auf der Cercina insula (Chergui) lag eine Siedlung gleichen Namens, die von Plinius als *urbs libera* erwähnt wird (Dessau 1899, RE 3. Bd. Sp. 1968), über deren Größe, Geschichte und Funktion aber wenig bekannt ist. Sie hatte vermutlich stets die mindere Rechtsstellung einer peregrinen Stadt (Teutsch 1962, S. 138), falls sie überhaupt den Charakter einer Stadt hatte und nicht eher ein Flecken war.

Das knapp 12 km südwestlich Taparura gelegene Thaenae (Tyna) bestand bereits in punischer Zeit als städtische Siedlung in dem Gebiet Carthagos nahe der Grenze gegen Numidien. Nach der Zerstörung Carthagos war sie wahrscheinlich als *civitas stipendiaria* eine Stadt minderen Rechts, wurde aber unter Caesar oder Octavian *oppidum liberum*. Sie muß sich in der Folgezeit gut entwickelt haben, denn sie erhielt von Hadrian den Rechtsstatus einer *colonia* mit dem Namen Colonia Aelia Augusta Mercurialis Thaenitana verliehen (Gascou 1972, S. 135—136). Auch das ausgedehnte Ruinenfeld deutet auf die wirtschaftliche Bedeutung der Stadt hin.

Wie die beiden letztgenannten Küstenstädte lag auch Macomades Minores, das etwa seit der Reichsreform Diokletians den Namen Iunci führte (L. Poinssot 1944, S. 150), an der einförmigen Flachküste, die sich in einem großen flachen Bogen nördlich und westlich der Kleinen Syrte von Taparura bis Tacapae schwingt. Die Stadt wird von Plinius als *oppidum liberum* genannt und hatte am Anfang des 3. Jh. den Rechtsstatus eines *municipium* (L. Poinssot 1944, S. 143). In spätrömischer Zeit war sie Bischofssitz und in byzantinischer Zeit ein wichtiger fester Platz, dessen Zitadelle unter den Aghlabiden erneuert wurde.

Längs der etwa 240 km langen Küste des Sahel lagen somit, Hadrumetum und Macomades als Endpunkte mitgerechnet, 13 Städte oder größere stadtähnliche Siedlungen. Die Abstände zwischen ihnen waren recht unterschiedlich, häufig zwischen 15 und 20 km, nur in wenigen Fällen 30—35 km, wobei im N zwischen Hadrumetum und Caput Vada (Alipota?) die Städte etwas dichter und in regelmäßigeren Abständen lagen als weiter im S. Diese Städtereihe endete mit Macomades etwa dort, wo (nach unseren bisherigen Kenntnissen) die dichtere Besiedlung und die weiter in das Hinterland reichende intensivere, hauptsächlich auf dem Olivenanbau beruhende Agrarwirtschaft endete. Zwar folgte zur Zeit der größten Ausdehnung der Olivenkulturen im 4. Jh. (DESPOIS 1955, S. 107) eine schmale Anbauzone der Küste weiter nach S, doch mag diese nicht hinreichend ausgedehnt gewesen sein, um die Existenz weiterer Hafenstädte zu ermöglichen. Es ist jedenfalls auffällig, daß zwischen Macomades und Tacapae auf 85 km Küstenlänge bisher keine Städte bekannt wurden. Bei den längs der Küstenstraße in den Itinerarien genannten, z. T. noch nicht hinreichend lokalisierten Orten dürfte es sich nur um Straßenstationen oder auch *vici* gehandelt haben.

Die wichtigste wirtschaftliche Grundlage der Küstenstädte des Sahel war, worauf von Seiten der Historiker (z. B. G. CH. PICARD 1953; GASCOU 1972) und Geographen (z. B. DESPOIS 1955) mehrfach hingewiesen wurde, der Handel mit und die Ausfuhr von agraren Produkten des Hinterlandes. War dies zunächst in punischer und frührömischer Zeit Weizen, so wurde, am Ende des 1. Jh. n. Chr. oder zu Beginn des 2. Jh. einsetzend, im Laufe des 2. Jh. die Ausfuhr von Olivenöl der bedeutendste, ja der beherrschende Wirtschaftszweig (DESPOIS 1955, S. 104—110). Doch dürfte zumindest für einige Städte auch der Fischfang, worauf DESPOIS (1955, S. 125) andeutungsweise hinwies, und möglicherweise lokal die Herstellung von *garum* (DARMON 1968, S. 275 Fußn. 4 für Sullectum) wirtschaftlich eine Rolle gespielt haben. Nach Ansicht des Verfassers war wahrscheinlich auch die Schwammfischerei für die Städte im S und für Cercina von Bedeutung. Die seichten Gewässer um die Kerkennah Inseln sind sicher bereits im Altertum stark durch diese Wirtschaftszweige genutzt worden.

Tacapae (Gabès) wurde zweifellos wegen der aus starken Quellen gespeisten Oase gegründet. Es war wahrscheinlich seit früher phönizischer Zeit ein Stützpunkt auf der Handelsroute der Tyrer. In römischer Zeit war es eine Hafenstadt und ein Straßenknotenpunkt, von dem aus nach W zunächst das Grenzgebiet nördlich des Chott Djerid, später auch der nördliche Bereich des limes Tripolitanus westlich und südlich des Djebel Tebaga erreicht werden konnte. Näheres über die Entwicklung, Größe und Funktion dieser Stadt, die nach den Itinerarien im Laufe ihres Bestehens den Status einer *colonia* erhielt, ist nicht bekannt. Ihre wirtschaftliche Grundlage dürfte im wesentlichen die Bewirtschaftung der Oase gewesen sein.

Eine Verdichtung städtischer Siedlungen bestand im weiteren Bereich der großen Bucht von Bou Grara, die nur im NW und NE durch zwei schmale, z. T. sehr seichte Meeresarme zwischen dem Festland und der Insel Djerba, die die Bucht im N begrenzt, mit dem offenen Meer in Verbindung steht. Hier lag an dem SW-Ufer der Bucht die Stadt Gightis (Gigthis, Bou Grara), die auf eine phönizisch-punische Wurzel zurückging, nach dem 2. Punischen Krieg zum numidischen Herrschaftsbereich und nach Caesars Sieg bei Thapsus zur Provinz Africa Nova gehörte. Bis zur Mitte des 2. Jh. n. Chr. blieb sie eine Stadt peregrinen Rechts, die möglicherweise politisches und Verwaltungszentrum des numidischen Stammes der Chinitii war. Auf ihr zweimaliges diesbezügliches Ansuchen hin wurde ihr von Antoninus Pius der Rechtsstatus eines *municipium* verliehen. Die wirtschaftliche Entwicklung von Gightis beruhte hauptsächlich auf der verstärkten Aufnahme des

Olivenanbaus in ihrem weiteren Um- und Hinterland seit Beginn des 2. Jh. n. Chr., wodurch die Stadt zu einem wichtigen Ausfuhrhafen für Öl wurde (GASCOU 1972, S. 138—142). Die durch Ausgrabungen freigelegten Reste zahlreicher öffentlicher Bauten zeugen von ihrer wirtschaftlichen Blüte.

Für die im Altertum wegen der Purpurgewinnung bekannte und als fruchtbar geltende Meninx insula (Djerba) geben die Quellen Girba (Houmt Souk), Meninx (El Kantara), Hares (Guellala) und Tipasa (Adjim) als Städte an, doch sind über deren Größe und Rechtsstand keine näheren Angaben vorhanden. Girba und Meninx waren wohl in der Tat Städte, Hares und Tipasa möglicherweise nur Flecken. Auf der Insel gab es bereits in phönizisch-punischer Zeit eine Handelsniederlassung sowie Purpurgewinnung. In der römischen Epoche konzentrierte sich die Purpurherstellung wohl auf Meninx, wo ein ausgedehntes Ruinenfeld vorhanden ist, und man noch heute am Ufer die Spuren der Purpurgewinnung sehen kann. Die Stadt war damals durch einen Straßendamm mit dem Festland verbunden, und über Zitha konnte dann die Küstenstraße nach E erreicht werden. Die zweite Verbindung der Insel mit dem Festland bestand an der SW-Ecke von Tipasa aus mittels einer Fähre. Diese setzte nach Templum Veneris (Djorf), möglicherweise einer größeren Siedlung über, von wo aus Küstenstraßen nach Gightis bzw. Tacapae führten. Girba, wahrscheinlich Sitz des kaiserlichen Prokurators, dem die Purpurgewinnung unterstand, und ab 256 n. Chr. Bischofssitz (DESSAU 1912, RE 1. Reihe 13. Halbbd. Sp. 1369), war wahrscheinlich die wichtigste Stadt der Insel. Als ein Hinweis dafür kann gelten, daß ihr Name später für die ganze Insel gebräuchlich wurde.

Auf der Halbinsel östlich der Bucht von Bou Grara lag an der Ostküste Gergis (Zarzis), über das kaum Nachrichten vorliegen. Sollte es zutreffen, daß Gergis gegen Ende des 1. Jh. v. Chr. eigene Münzen prägen durfte, so muß es sich bei diesem Ort um eine Stadt gehandelt haben (TEUTSCH 1962, S. 135). Eingesandete Reste einer antiken Mole (LEHMANN-HARTLEBEN 1923, S. 255) deuten auf ihre Funktion als Hafen. Das im Innern der Halbinsel 8 km westlich Gergis gelegene Zitha (Ziane) hatte anscheinend größere Bedeutung. Wahrscheinlich schlug diese Stadt zur Zeit des Augustus eigene Münzen (TEUTSCH 1962, S. 136) und im 2. Jh. wird sie als *municipium* erwähnt (LEGLAY 1972, RE 2. Reihe 19. Halbbd. Sp. 460—461), was beides als Hinweis für eine gewisse wirtschaftliche Blüte gelten kann.

An der Küstenstraße nach Sabratha lag das in mehreren Itinerarien genannte *municipium* Pisida (Oglat el Fied), über das außer dem Namen und der Lokalisierung kaum etwas bekannt ist (WINDBERG 1950, RE 1. Reihe 40. Halbbd. Sp. 1799).

2.1.3.2 Die Städte des Tell

2.1.3.2.1 Die Städte im westlichen Gebirgsland

In den nördlichen küstennahen Gebirgszügen des Tellatlas fehlten Städte. Erst südlich eines im W ca. 50 km breiten, nach E etwas schmaler werdenden Gebirgslandes lagen vereinzelt Städte, wie im Bergland von Constantine und den südwestlichen Ausläufern des Medjerdagebirges.

Die bedeutendste Stadt war Cirta (Constantine), die bereits z. Zt. Massinissas Hauptstadt Numidiens war. Sie wurde in den Auseinandersetzungen des Bürgerkrieges zwischen

Caesar und den Pompeianern zusammen mit einem Teil des Reiches Jubas I. von dem Söldnerführer P. Sittius erobert, der die Partei Caesars ergriffen hatte. Sittius siedelte hier in einer privaten Koloniegründung seine Soldaten an, und Caesar erkannte nach seinem Sieg über die Pompeianer im Jahre 46 v. Chr. diese Gründung und das Territorium des Sittius an. Nach dessen Ermordung durch den letzten Numiderkönig Arabion wurde das sittische Gebiet der Provinz Africa Nova eingegliedert, und zwischen 36 und 27 v. Chr. wurde Cirta von Octavian als Kolonie römischen Rechts mit dem Namen Colonia Iulia Iuvenalis Honoris et Virtutis Cirta legalisiert, wobei das römische Bürgerrecht auch den peregrinen Cirtensern verliehen wurde, und (kurz darauf) im Jahre 26 v. Chr. römische Veteranen als Kolonisten angesiedelt wurden (TEUTSCH 1962, S. 65—77 und 176—179).

Die *colonia* hatte anscheinend das gesamte ehemalige Herrschaftsgebiet des Sittius als Territorium, in dem einige weitere Städte und größere Orte lagen (TEUTSCH 1962, S. 177). Wenn sich diese Städte auch später stärker verselbständigten und mit Cirta z. T. nur noch in einer Konföderation verbunden blieben, so war letztere doch stets führende Stadt dieses Gebietes und neben Carthago „das zweite Kraftfeld provinzial-römischer Gesittung in Afrika" (VITTINGHOFF 1951, S. 114).

Ihre wirtschaftliche Bedeutung beruhte seit numidischer Zeit auf der Getreideproduktion ihres weiteren Umlandes und ihres Hinterlandes, und ihre günstige Verkehrsanbindung an die Hafenstadt Rusicade wie auch an ihr Hinterland wird durch ihre Lage im Straßennetz deutlich.

Die etwa 35 km nordwestlich von Cirta liegende Stadt Milev (Mila) war eine Gründung des Sittius, die möglicherweise in Anlehnung an eine bestehende ältere Siedlung erfolgte, denn der Stadtname Mil-ev ist punisch (TEUTSCH 1962, S. 182). Nach GASCOUS Ansicht (1972, S. 111—115) wurde sie — wie Chullu und Rusicade — von Trajan zu einer „nominellen" Kolonie, Colonia Sarnia Milev ernannt, die, obwohl ihre Einwohner römische Bürger waren, keine volle Autonomie erhielt, sondern Cirta kontribuiert blieb, bis sie Mitte des 3. Jh. dieses Verhältnis löste. Über ihre Größe und Funktionen lassen sich noch keine näheren Angaben machen. TEUTSCH (1962, S. 182) nimmt an, daß ihre Aufgabe die Sicherung der Straßenverbindungen Cirta—Cuicul (Djemila) und Milev—Tucca gegen die Bewohner der Kleinen Kabylei war. Da Milev in dem recht dicht besiedelten Getreideanbaugebiet lag, bildete wahrscheinlich die Agrarwirtschaft des weiteren Umlandes ihre wirtschaftliche Grundlage, und war sie sicher auch ein Marktort und Handelsplatz.

Auch das etwa 60 km östlich Cirta liegende Thibilis (Announa), wo Sittius eine größere Zahl seiner Gefolgsleute angesiedelt hatte, und wohl Augustus den Bewohnern das römische Bürgerrecht bestätigte oder verlieh, gehörte zum Territorium Cirtas (TEUTSCH 1962, S. 179—182). Wie die Größe und die teilweisen Ausgrabungen der Stadt zeigen, gedieh sie in wirtschaftlicher Beziehung, wahrscheinlich infolge der Weizenproduktion in ihrem fruchtbaren Umland und der guten Verkehrsverbindungen, die sie besaß.

Im Gebiet Cirtas wurde ferner eine Anzahl kleinerer befestigter Siedlungen angelegt, über deren Gründungsdatum und Entwicklung i. d. R. noch keine Aussagen zu machen sind. Tiddis entwickelte sich vom castellum Tidditanorum zu einer Kleinstadt, und das castellum Celtianum (Celtianis) machte möglicherweise die gleiche Entwicklung durch. Nach den ca. 1 200 hier gefundenen Grabinschriften lebte in Celtianis von der Mitte des 1. Jh. n. Chr. bis zum Anfang des 3. Jh. ganz überwiegend eine romanisierte autochthone Bevölkerung. (PFLAUM 1956, S. 146).

Calama (Guelma) dagegen, das auf vorrömische Wurzel zurückging, von Trajan den Status eines *municipium* erhielt (GASCOU 1972, S. 106—108) und in späterer Zeit auch *colonia* wurde, lag außerhalb des Territoriums von Cirta. Wie Thibilis in dem Weizenanbaugebiet gelegen zog es aus dem Getreidehandel wirtschaftlichen Vorteil, zumal es gute Straßenverbindungen zu seinem Hinterland und zu dem Hafen Hippo Regius hatte.

Östlich dieser Städtegruppe, die weit gestreut im Bergland von Constantine lag, bestanden im Gebirge um das Quellgebiet des Bagradas (Medjerda) die Städte Thubursicum Numidarum, Thagaste und Naraggara. Die bedeutendste war Thubursicum Numidarum (Khemissa), die wahrscheinlich schon in punischer Zeit gegründet wurde (TREIDLER 1936, RE 2. Reihe 11. Halbbd. Sp. 621—622). Sie wird 100 n. Chr. noch als *civitas* genannt, d. h. als Gauvorort und Verwaltungszentrum eines einheimischen Stammes. Unter Trajan erhielt die Stadt den Rechtsstatus eines *municipium* (GASCOU 1972, S. 104—106) und in der späteren Kaiserzeit, im Jahre 270, den einer *colonia*. Die Stadt hatte eine erhebliche Größe und war reich mit öffentlichen Bauten ausgestattet, was auf einen erheblichen Wohlstand ihrer Bewohner deutet. Über die Entstehung, Entwicklung und Größe von Thagaste (Souk Ahras) ist nichts Näheres bekannt. GASCOU (1972, S. 202—203) führt an, daß sie gegen Ende der Regierungszeit des Septimius Severus ein *municipium* war, ohne daß gesagt werden könnte, wann sie diesen Status verliehen bekam (auf der Karte N 15 als „größere Siedlung" eingetragen). Auch über Naraggara (Sakiet Sidi Youssef), das, nach der Ausdehnung des Ruinenfeldes zu urteilen, eine recht bedeutende Stadt gewesen zu sein scheint (WINDBERG 1935, RE 16. Bd. Sp. 1698—1699), können zur Geschichte und Funktion noch keine Angaben gemacht werden.

Die meisten dieser Berglands- und Gebirgsstädte sind in nachrömischer Zeit wüst gefallen, doch haben einige von ihnen in französischer Zeit Nachfolger erhalten. Wo keine Überbauung erfolgte, boten sie geeignete Objekte für z. T. ausgedehnte Ausgrabungen wie im Falle von Thibilis, Tiddis und Thubursicum Numidarum, so daß deren bauliche Struktur weitgehend oder doch z. T. bekannt ist. Über Baukörper und Stadtbild der anderen Städte sind bisher keine Aussagen möglich, da bestenfalls vereinzelte Baureste, meist öffentlicher Gebäude bekannt wurden. Dies gilt ganz besonders für Cirta, die wohl infolge ihrer zentralen Lage in dem Bergland auch im Mittelalter ein bedeutender Ort blieb. Auch ohne Kenntnis ihres römischen Ortsbildes ist es sicher, daß sie die anderen hier aufgeführten Städte an Bedeutung übertraf.

Als topographische Lage ist in der Regel Sporn- oder Hanglage, gelegentlich auch Lage auf einer Hochfläche, kaum einmal Tallage oder Lage in einem kleinen Becken von den Stadtgründern gewählt worden. Die hervorragendste Lage hatte Cirta, die auf einem leicht zu verteidigenden Felssporn über einer tiefen Schlucht des oberen Rhumel lag. Tiddis dagegen war an den ziemlich steilen Hang eines Felsklotzes über dem Rhumel, bevor der Fluß in eine schluchtartige Engtalstrecke eintrat, gewissermaßen angeklebt. Thibilis in einer Ausräumungszone zwischen höheren Bergen gelegen, hatte ebenfalls eine ausgezeichnete Schutzlage auf einem nach drei Seiten abfallenden Sporn hoch über dem Tal des Oued Announa. Thubursicum Numidarum schließlich war auf einem sanft nach N geneigten Hang über dem Quelltal des Bagradas erbaut. Nur Calama lag am Rande eines kleinen, vom Ubus (Oued Seybouse) durchflossenen Beckens, am Austritt eines Nebenflusses aus dem Gebirge in die Beckenlandschaft.

Am Südrand des Berglandes, wo sich Becken und Ebenen zwischen isolierter aufragende Gebirgsstöcke einschieben, und der Übergang zu den östlichen Ausläufern des Hochlands der Chotts erfolgt, lag eine Reihe kleiner Städte oder stadtähnlicher Siedlungen, über die man noch nicht ausreichend unterrichtet ist. Die westlichste war Sigus (Sigus), die in den Quellen als *castellum* und später als *res publica* bezeichnet wird (DESSAU 1923, RE 2. Reihe 4. Halbbd. Sp. 2485). Die Bezeichnung res publica Siguitanorum spricht wohl dafür, daß dieser Ort, etwa wie Tiddis, sich zu einer kleinen Stadt entwickelte. Diese lag auf einem flachen Hang über dem Oued el Keleb, wo dieser in das Bergland eintritt, und die südwestliche von Theveste nach Cirta führende Straße mit der weiter nordöstlich verlaufenden zweiten Straße von Theveste nach Cirta sich vereinigt.

Wie Sigus gehörte auch Tigisis (Ain el Bordj) zu dem cirtensischen Gebiet (TEUTSCH 1962, S. 184). Die Stadt lag am Gebirgsrand am Ausgang eines Tälchens in der Ebene auf einem isolierten Hügel von ca. 220 zu 190 m Ausdehnung (WINDBERG 1936, RE 2. Reihe 11. Halbbd. Sp. 957). Sie hatte eine taktisch ausgezeichnete Lage an der östlichen Straße von Theveste nach Cirta, die hier in E-W-Richtung am Gebirgsrand entlangführte. Ihre Aufgabe dürfte bei ihrer Gründung ebenso wie in byzantinischer Zeit, in der ihre Verteidigungsanlagen erneuert bzw. verbessert wurden, die Überwachung der Straßenverbindung gewesen sein.

Gadiaufala (Ksar Sbahi) lag wie Tigisis an der östlichen Straße Theveste — Cirta am Rande eines WSW-ENE ziehenden Gebirgszuges. Sie war ein Straßenknotenpunkt, von dem aus auch Straßen nach NW, N und E führten. Da der Ort in späterer Zeit Bischofssitz war, dürfte er städtischen Charakter gehabt haben.

Auch Tipasa (Ksar Tifech) am SE-Abfall des Djebel Tifech wies Gebirgsrandlage auf. Die Stadt lag am Fuße eines Hügels, der in byzantinischer Zeit eine Festung trug. Die oberflächlich sichtbaren geringen Baureste lassen keine Aussage über die Größe der Stadt zu. Ihre rechtliche Stellung ist nicht einwandfrei gesichert. GASCOU (1972, S. 203) bestreitet, daß die Hypothese, die Tipasa die Rechtsstellung einer römischen Gemeinde zuspricht, stichhaltig ist.

Während diese Städte bezüglich ihrer geschichtlichen Bedeutung und ihrer Funktionen noch sehr ungenügend bekannt sind, ist man über Madauros (Henchir M'daourouch) gut unterrichtet. Seit dem Ende des 3. Jh. v. Chr. bestand hier eine bedeutende numidische Siedlung im Gebiet des gätulischen Stammes der Musulamen. Sie gehörte zum Reich des Syphax, dann Massinissas, unter dem sie sich möglicherweise zu einer Stadt entwickelte. Hier wurde dann in flavischer Zeit eine Siedlungskolonie für Veteranen angelegt, wobei das Territorium für die *colonia* vermutlich aus dem Gebiet der Musulamen ausgegliedert wurde. Diese Koloniegründung war möglicherweise ein früher Schritt in der Vorverlegung des Bereiches intensiver agrarer Erschließung gegen W und SW (GASCOU 1972, S. 32—33) und zur Sicherung gegen die nomadischen Musulamen. Die Stadt lag auf der sanften Nordabdachung eines etwa SW-NE verlaufenden Höhenrückens, der zwar das nördlich von ihm liegende weit offene Hügelland nur 150—200 m überragt, gegen S steiler abfallend aber doch einen markanten Landschaftszug bildet. Dieser Höhenrücken grenzte vermutlich das Territorium der *colonia* nach S gegen das Gebiet der Musulamen ab. Obwohl die Stadt etwas abseits der wichtigen Straßen Carthago—Cirta und Hippo Regius—Theveste lag, war sie doch an diese straßenmäßig gut angebunden. Die ausgedehnten Ausgrabungen zeigten, daß Madauros, die Geburtsstadt des Dichters Apuleius, sich eines gewissen Wohlstandes erfreute, der wohl auf der landwirtschaftlichen Produktion seines weiteren Umlandes beruhte. In byzantinischer Zeit war es ein fester Platz.

2.1.3.2.2 Die Städte des Medjerdatales und der angrenzenden Hügel- und Bergländer

Die nach E schmaler werdenden Gebirgszüge des Tellatlas, Kroumirgebirge und Mogodberge, waren städteleer. Südlich davon aber wiesen die Ebenen, Hügel- und Bergländer um den mittleren und unteren Bagradas sowie um den Catada (Oued Miliane) südlich des Golfes von Tunis zahlreiche Städte auf. Diese Gebiete waren bereits unter karthagischer Herrschaft dicht besiedelt und intensiv agrarwirtschaftlich entwickelt worden, und auch Massinissa, der zwischen dem Ende des 2. Punischen Krieges und der Zerstörung Carthagos einen Teil des Bagradasbereiches okkupiert hatte, sowie die späteren numidischen Könige hatten die von den Karthagern begonnene Siedlungsentwicklung fortgesetzt. In der 2. Hälfte des 1. Jh. v. Chr. setzte dann eine zielgerichtete römische Siedlungs- und Städtepolitik ein. Letztere wurde mit Unterbrechungen bis in das 3. Jh. hinein fortgeführt.

Am Rande des Kroumirgebirges gegen die Bagradasebene lag im W Thuburnica (Sidi bel Khassem), wo auf numidischem Gebiet nach dem Jugurthinischen Krieg Veteranen des Marius angesiedelt wurden (GASCOU 1972, S. 27). Später gründete Augustus hier eine Siedlungskolonie für Veteranen (VITTINGHOFF 1951, S. 112). Die Stadt lag am SE-Hang eines NS ziehenden, von zwei Tälern flankierten Bergzuges an dem kleinen Oued el Fenja, wo dieses aus dem Gebirge austritt, und das ausgedehnte Ruinenfeld deutet auf das Gedeihen der Stadt hin. Ihre wirtschaftliche Grundlage dürfte der Weizen- und Olivenanbau ihres weiteren Umlandes gewesen sein.

Etwa 12 km östlich Thuburnica lag nahe dem nördlichen Bagradasufer Simitthus (Chemtou) am Westende eines Hügelrückens, der vom Gebirgsrand in die Ebene vorspringt und z. T. aus jurassischen Gesteinen aufgebaut ist. Die Stadt war eine Koloniegründung des Augustus, Colonia Iulia Augusta Numidica Simitthus (VITTINGHOFF 1951, S. 112). Die Gewinnung des in dem genannten Hügelzug anstehenden sogenannten Numidischen Marmors, der auch schon in vorrömischer Zeit gebrochen wurde, bildete eine sehr wichtige wirtschaftliche Grundlage der Stadt. Der im Altertum sehr geschätzte Marmor wurde über Thabraca z. T. auch nach Rom ausgeführt (DESSAU 1927, RE 2. Reihe 5. Halbbd. Sp. 143—144). Die Lage am Fluß hatte für die Stadt den Vorteil der Brückenlage, und so entwickelte sich Simitthus frühzeitig zu einem wichtigen Straßenknotenpunkt.

Bulla Regia (Hammam Djerradji), ca. 18 km nordöstlich von Simitthus am W-Fuß des sich recht steil am N-Rand der Ebene erhebenden Djebel Rebia gelegen, war zu Beginn des 1. Jh. v. Chr. die Residenz des Numiderkönigs Hiarbas und mag bereits damals städtischen Charakter gehabt haben. Nach 46 v. Chr. war die Stadt *oppidum liberum,* erhielt unter Vespasian die Rechtsstellung eines *municipium* (GASCOU 1972, S. 33—34) und wurde von Hadrian zur Colonia Aelia Hadriana Augusta Bulla Regia erhoben (GASCOU 1972, S. 115—119). Wie bei Thuburnica beruhte der durch die Ausgrabungen bezeugte Wohlstand ihrer Bewohner, die überwiegend romanisierte Autochthone waren (THÉBERT 1973, S. 265—279), auf der Agrarproduktion des Umlandes. An der wichtigen E-W-Straße Carthago—Hippo Regius gelegen, mit direkter Verbindung zu der Hafenstadt Thabraca sowie mit Straßen nach S und SE war die Stadt nach allen Richtungen verkehrsmäßig gut angebunden.

Wo sich die Bagradasebene etwas verschmälert, lag am rechten Ufer des Flusses etwa 12 km ESE von Simitthus Thunusida im Flachland der Ebene. Es ist möglicherweise mit dem von Plinius genannten oppidum civium Romanorum Thunusidense gleichzusetzen und war nach TEUTSCH (1962, S. 78) eine private Ansiedlung von Römern in einer numidischen Stadt, die wahrscheinlich von Octavian den Status einer colonia erhielt. Die von TEUTSCH vertretene Interpretation der Quellen blieb aber nicht unwidersprochen, so daß wohl weitere Inschriftenfunde und vor allen Dingen Ausgrabungen abzuwarten sind, ehe gesichertere Aussagen zur Stadtgeschichte von Thunusida gemacht werden können.

Nach E und SE wird die Alluvialebene des mittleren Bagradas von einem Berg- und Hügelland begrenzt, das der Fluß in z. T. engeren Talstrecken durchquert, und wo ihm eine Anzahl von Nebenflüssen zufließt. In dieser bezüglich des Reliefs recht abwechslungsreichen Landschaft lagen in oft geringer Entfernung voneinander zahlreiche Städte, die vielfach auf vorrömische Wurzeln zurückgingen. Sie wurden z. T. erst in der späteren Kaiserzeit mit den Rechten eines *municipium*, gelegentlich auch einer *colonia* versehen.

Nordöstlich der Ebene im Hügelland des auf drei Seiten von höheren Bergen umgebenen Bled Béja, einer kleinen naturräumlichen Einheit (BONNIARD 1934, S. 138) lag als wirtschaftlicher Mittelpunkt dieses Gebietes Vaga (Béja), deutlich abgesetzt von der Städtehäufung weiter im E und S. Die Stadt war bereits unter karthagischer und, seit der Okkupation durch Massinissa unter numidischer Herrschaft ein bedeutendes Handelszentrum eines ausgedehnten, fruchtbaren Weizenanbaugebietes. Hier hatten sich zahlreiche italische Kaufleute niedergelassen, möglicherweise auch Veteranen des Marius, und Plinius nennt die Stadt, die nach 46 v. Chr. zu Africa Nova gehörte, ein oppidum civium Romanorum (TEUTSCH 1962, S. 34—42). Über ihre weitere Stadtgeschichte ist nur bekannt, daß sie unter Septimius Severus zur Colonia Septimia Vaga erhoben wurde (GASCOU 1972, S. 168—171). Ihre wirtschaftliche Grundlage war der Weizen-, dann auch der Olivenanbau, deren Erträge z. T. über Thabraca, mit dem eine Straßenverbindung bestand, ausgeführt wurden.

Eine recht geschlossene Gruppe kleiner Städte lag zwischen der Bagradasebene und der vom Oued Kralled durchflossenen Senke, der die Straße von Carthago nach Sicca Veneria folgte. Zwischen Thibaris und Agbia bzw. Uchi Maius und Numluli lagen vier weitere Städte z. T. nur 4—5 km voneinander entfernt. Ihre Entwicklung und namentlich ihre rechtlichen Verhältnisse waren und sind noch Gegenstand einer lebhaften Diskussion, aus der sich für die historisch-geographische Betrachtung, nach GASCOU (1972, S. 172—187), etwa folgendes ergibt: Diese Siedlungen bestanden meist als *castella*, d. h. größere, befestigte Agrarsiedlungen, eventuell z. T. mit stadtähnlicher Physiognomie, bereits zur Zeit der karthagischen und numidischen Herrschaft. Im Lauf der Zeit waren in ihnen z. T. auch Gruppen von römischen Bürgern ansässig geworden. So hatte Marius

103 v. Chr. Veteranen in Thibaris und Uchi Maius neben der einheimischen Bevölkerung angesiedelt, und auch für Agbia, Thugga und Numluli ist ein Nebeneinander von Römern und Einheimischen nachgewiesen. Die Orte, die alle von ca. 150—46 v. Chr. im numidischen Machtbereich lagen, gehörten ab 46 v. Chr. zur Provinz Africa Nova. Bei dieser politischen Neugliederung wurden Teile der Gebiete der tributpflichtigen Städte *(oppida stipendiaria)* dem Territorium *(pertica)* der neu gegründeten Kolonie Carthago als *pagi* zugeteilt, deren Bewohner rechtlich Bürger Carthagos waren. Die einheimische Bevölkerung der Städte bildete mit dem ihr verbliebenen und von ihr bewirtschafteten Teil des Landes eine *civitas*. Zwischen den römischen Bürgern der *pagi* und den peregrinen Bewohnern der *civitates* erfolgte im Laufe der Zeit im wirtschaftlichen, kulturellen und politischen Bereich eine starke Annäherung, z. T. sicher durch verwandtschaftliche Verknüpfungen begünstigt. Am Ende des 2. Jh. oder im 3. Jh. wurden diese Städte zu Municipien, einige danach auch noch zu Kolonien erhoben, wobei die *pagi* aus dem Territorium Carthagos herausgelöst und in die Territorien der Municipien überführt wurden.

Thibaris (südlich Thibar), wo noch 198 n. Chr. ein *pagus* bestand — für das Bestehen einer *civitas* fehlen Hinweise — war ein Jahrhundert später *municipium*, dessen Ernennungsdatum im Laufe des 3. Jh. noch nicht bekannt ist. Seine Bewohner pflegten noch im 3. Jh. die Tradition ihrer Abkunft von Veteranen des Marius, was sich im Namen der Stadt: Municipium Marianum Thibaritanorum niederschlug (Gascou 1972, S. 174).

Auch Uchi Maius (Henchir Douamis), das inschriftlich als pagus Uchitanorum maiorum erscheint, und wo wahrscheinlich in augusteischer Zeit ein Streit zwischen den römischen Kolonisten und den Einheimischen von einem Beamten Carthagos geschlichtet werden mußte, hatte 177 n. Chr. noch einen *pagus*. Als durch Severus Alexander die Stadt zur Colonia Mariana Augusta Alexandriana Uchitanorum Maiorum erhoben wurde, war auch hier noch die Erinnerung an die Ansiedlung der marianischen Veteranen wach (Gascou 1972, S. 173—174).

Für die Städte Aunobari (Henchir Kern el Kebch) und Agbia (Ain Hedja) sind die Quellen sehr spärlich. Erstere wird auf einer um 300 n. Chr. zu datierenden Inschrift als res publica municipii Aunobaritani genannt (Dessau 1896, RE 2. Bd. Sp. 2423). Von Agbia ist bekannt, daß z. Zt. des Antoninus Pius ein *pagus* und eine *civitas* bestanden. Eine Inschrift aus der Regierungszeit des Gratian (375—383) erwähnt die Stadt als *municipium*. Wann sie diesen Rechtsstatus erhielt, ist nach den Quellen noch nicht zu sagen, doch wies Gascou (1972, S. 184—185) darauf hin, daß dies unter Septimius Severus erfolgt sein könnte.

Thugga (Dougga) war bereits in karthagischer Zeit ein wichtiger Ort, wohl städtischen Charakters, z. Zt. der numidischen Herrschaft war es vermutlich Gauvorort eines Stammes. Unter Trajan wird dann ein pagus Thuggensis als Teil des Territoriums von Carthago erwähnt. Das Nebeneinander von *pagus* und *civitas* dauerte, wenn auch seit Marc Aurel wahrscheinlich in abgeschwächter Form, bis zur Erhebung der Stadt zu einem *municipium* durch Septimius Severus im Jahr 205 n. Chr. an. Die Stadt führte den Namen Municipium Septimium Aurelium liberum Thugga (Gascou 1972, S. 178—182), bis sie von Gallienus zur Colonia Licinia Septimia Alexandriana Thugga erhoben wurde (Windberg 1940, RE Supplementband 7 Sp. 1567—1571).

Im Norden grenzte an das Territorium von Thugga das von Thubursicum Bure (Teboursouk). Zwar sind für diese Stadt die Inschriftenfunde noch spärlich, und besteht kein epigraphischer Beweis für ein ursprüngliches Nebeneinander von *pagus* und *civitas,* doch ist GASCOU (1972, S. 186) der Ansicht, daß MOMMSENS Annahme einer *civitas* neben einem *pagus* Carthagos wohl zu Recht besteht. Die Erhebung zum *municipium* erfolgte während der gemeinsamen Regierungszeit des Septimius Severus und Caracallas, nach GASCOU vermutlich gleichzeitig mit der Thuggas im Jahre 205 n. Chr. Der auf die beiden Herrscher hinweisende Name lautete Municipium Aurelium Septimium Severianum Antoninianum Frugiferum Concordium liberum Thibursicensium Bure (GASCOU 1972, S. 185—186). Auch diese Stadt wurde von Gallienus zur Kolonie erhoben (TREIDLER 1936, RE 2. Reihe 11. Halbbd. Sp. 621).

Das auf einer Inschrift genannte municipium Thim. Bure (Thimida ? Bure) wurde mit dem Ruinenfeld Henchir Gouch el Batia lokalisiert (BABELON, CAGNAT et al. 1892. Bl. 33), doch ist über seine Geschichte nichts bekannt.

Als letzte Stadt dieser Gruppe ist Numluli (El Matria) zu nennen, für die ein *pagus* und eine *civitas* nachgewiesen sind. Unter Marc Aurel scheint, wie in Thugga, die Bindung des *pagus* an Carthago bereits gelockert gewesen zu sein, und wahrscheinlich unter Septimius Severus wurde die Stadt *municipium* (GASCOU 1972, S. 161—162).

Zwischen dieser Städtegruppe und einer Reihe von Städten längs des unteren Bagradas lag im Hügelland 13 km nordöstlich Thubursicum Bure Thignica (Ain Tounga). Für sie konnte GASCOU (1972, S. 182—183) ebenfalls eine Entwicklung von *pagus* und *civitas* zu einem *municipium* unter Septimius Severus wahrscheinlich machen. Mit vollem Namen nannte sich die Stadt etwas später Municipium Septimium Aurelium Antoninianum Alexandrianum Herculeum Frugiferum Thignica, wobei das Epitheton Alexandrianum darauf hinweist, daß die Stadt auch von Severus Alexander gefördert wurde. Schließlich wurde Thignica wie Thugga und Thubursicum Bure von Gallienus zur *colonia* erhoben, die unter dem Namen Colonia Licinia Septimia Alexandriana Thignica bzw. Colonia Gallieniana Augusta Thignica in den Inschriften genannt wird (WINDBERG 1936, RE 2. Reihe 11. Halbbd. Sp. 1256—1257).

Über die Städte längs des unteren Bagradas liegen zu ihrer Entwicklung und Bedeutung nur wenige Nachrichten vor. Sie gingen, mit Ausnahme von Thuburbo Minus, wohl alle aus vorrömischen *castella,* ländlichen Zentren und Märkten, hervor und entwickelten sich im Laufe der Zeit so günstig, daß sie früher oder später zu Municipien erhoben wurden.

Diesen Status erhielten im 2. Jh. Thisiduum (Crich el Oued) (GASCOU 1972, S. 199—200), im 3. Jh. durch Probus Tichilla (Testour) (WINDBERG 1936, RE 2. Reihe 11. Halbbd. Sp. 842—843). Chidibbia (Sloughia), das möglicherweise aus einem *pagus* und einer *civitas* hervorging, wurde noch 195/196 n. Chr. als *civitas* genannt und war 276—283 n. Chr. als *municipium* konstituiert, so daß zwischen den beiden Daten die Erhebung zum *municipium* erfolgte (GASCOU 1972, S. 175). Auch Cingaris (Toungar) wurde in der ersten Hälfte des 3. Jh. *municipium* (PFLAUM 1970, S. 102). Als *colonia* wird Thibiuca (Zouitana) von KORNEMANN (1933, RE 1. Reihe 31. Halbbd. Sp. 606) angeführt und im ATLAS DES CENTURIATIONS (1954, Bl. 19 Tebourba) verzeichnet.

Die nördlichste dieser Städte war die *colonia* Thuburbo Minus (Tébourba), eine Siedlungskolonie Octavians, in der Veteranen der 8. Legion angesiedelt wurden, und die den Namen Colonia Victrix Iulia Felix Octavanorum führte (VITTINGHOFF 1951, S. 111, Fußn. 7).

Außer diesen Städten bestanden längs des Bagradas noch einige weitere größere Siedlungen, wie Cluacaria (Henchir el Ahmera), über deren Charakter, ob Stadt oder Marktflecken noch keine Aussagen möglich sind.

Diese sechs Städte waren mit ungleichen Entfernungen voneinander auf etwa 47 km Tallänge verteilt, wobei auffällt, daß die drei nordöstlichsten, Cingaris, Thibiuca und Thuburbo Minus nur je etwa 4—5 km auseinander lagen, so daß hier eine gewisse Verdichtung zu beobachten ist.

Weitere Städte mit Municipalstatus waren nordwestlich des unteren Bagradas im südlichen Teil des Djebel el Anng Sua (Chaouach), für dessen Ernennung zum *municipium* 360—363 n. Chr. der *terminus ante quem* ist (PFLAUM 1970, S. 102), und am NW-Rand dieses Gebirgszuges gegen das Becken des oberen Oued et Tine Uccula (Henchir Dourat), Avedda (le Bed) und Aulodes (Sidi er Reis). Diese drei kleinen Städte hatten jeweils 4—5 km Abstand voneinander. Sie waren, wie auch Sua, ursprünglich punische *castella,* dann *civitates* und erhielten den höheren Rechtstitel als Municipium Septimium Aurelium Aveddensium bzw. Municipium Septimium liberum Aulodes wahrscheinlich gleichzeitig unter Septimius Severus und Caracalla (GASCOU 1972, S. 189—190), während für Uccula das entsprechende Datum noch nicht näher bekannt ist und zwischen 150 und 324 n. Chr. liegt (PFLAUM 1970, S. 102).

In dem Hügelland zwischen der Bagradasmündungsebene unterhalb Djedeida und der NE-Küste sind bisher nur wenige Städte sicher bekannt (s. u.), und auch über diese ist man noch unzureichend unterrichtet. Nur etwa 8 km nordnordwestlich von Thuburbo Minus lag Thubba (Chouigui), das nach 161 n. Chr. als *municipium* erwähnt wird (PFLAUM 1970, S. 102) und möglicherweise später den Status einer *colonia* erhielt, wohl kaum bereits im 2. Jh., wie TEUTSCH (1962, S. 187) meinte. Thizika (Henchir Techga) war seit Beginn der Regierungszeit des Augustus *oppidum liberum* und wurde wahrscheinlich von Hadrian zum *municipium* erhoben (GASCOU 1972, S. 122—125). Matera (Mateur) wird von Plinius als oppidum liberum Materense erwähnt, doch ist die weitere Entwicklung der Stadt noch nicht bekannt. Umstritten ist auch — wegen Lokalisierungsfragen — die frühe Entwicklung von Uzalis (el Alia). Auf einer Inschrift wird die Stadt später als *colonia* genannt, ohne daß Näheres dazu bekannt ist (TEUTSCH 1962, S. 97—98).

In dem Gebiet zwischen dem unteren Oued Siliane und dem unteren Bagradas einerseits und den nordöstlichen Ausläufern des Tunesischen Rückens mit Djebel Zaghouan und Djebel Ressas andererseits, das in seinem östlichen Teil vom Catada durchflossen wird und sich gegen den Golf von Tunis weit öffnet, lagen zahlreiche Städte mit unterschiedlicher Rechtsstellung. Mit Ausnahme von Uthina gingen alle diese Städte auf karthagische Gründungen zurück. Sie blieben mindestens bis zum frühen 2. Jh., z. T. aber auch bis zur Mitte des 3. Jh. *civitates* mit einer Stadtverwaltung nach karthagisch-punischem Muster. Unter Hadrian begann die Erhebung dieser Städte zu Municipien, die von Commodus und den Severern fortgesetzt wurde und vereinzelt noch um die Mitte des 3. Jh. erfolgte.

Die älteste Stadt römischen Rechts war U t h i n a (Oudna), eine Siedlungskolonie, die von Augustus für Veteranen seiner 13. Legion gegründet wurde und den Namen C o l o n i a I u l i a T e r t i a d e c i m a n o r u m U t h i n a führte (VITTINGHOFF 1951, S. 111). Eine Inschrift aus dem Jahre 133/134 n. Chr. weist auf Förderung der Stadt durch Hadrian hin, ohne daß sich sagen ließe, welcher Art diese war (GASCOU 1972, S. 129—130). Das sehr ausgedehnte Ruinenfeld und die Reste zahlreicher öffentlicher Bauten, die im vorigen Jahrhundert noch sichtbar waren, deuten auf die wirtschaftliche Blüte der Stadt hin.

Drei weitere Städte erhielten im Laufe der Kaiserzeit den Rechtsstatus einer *colonia*. T h u b u r b o M a i u s (Henchir el Kasbate), das von Hadrian den Status eines *municipium* erhalten hatte, wurde unter Commodus *colonia*, wie GASCOU (1972, S. 69—70, S. 127—129, S. 162—164) darlegte. Sie führte den Namen C o l o n i a I u l i a A e l i a A u r e l i a C o m m o d a T h u b u r b o M a i u s, wobei lt. GASCOU (1972, S. 70) das Epitheton Iulia nicht als Beleg für eine augusteische Gründung, für die noch VITTINGHOFF (1951, S. 111) Thuburbo Maius ansah, gelten kann. Die reiche Ausstattung mit öffentlichen Bauten weist auf die wirtschaftliche Blüte auch dieser Stadt hin. B i s i c a L u c a n a (Henchir Bichga) wurde von Hadrian zum *municipium* erhoben (GASCOU 1972, S. 126—127) und erhielt zu einem späteren, noch nicht bekannten Zeitpunkt den Rechtsstand einer *colonia* (DESSAU 1901, RE 3. Bd. Sp. 502). Keine sicheren Zeitangaben sind über die Stadtgeschichte von V a l l i s (Sidi Mediene) zu machen, das zunächst *municipium,* später *colonia* wurde (GASCOU 1972, S. 176 u. S. 200).

Die Erhebungen der peregrinen Städte zu Municipien erfolgten über einen Zeitraum von mehr als einem Jahrhundert. Neben den bereits genannten Erhebungen von Thuburbo Maius und Bisica durch Hadrian, die später *coloniae* wurden, wurde auch A v i t t a B i b b a (Bou Ftis), vorher ein *oppidum liberum* (so irrtümlich auf der Karte N 15 eingetragen), durch diesen Kaiser im Jahre 137 n. Chr. mit dem Municipalstatus begabt (GASCOU 1972, S. 125—126). T u r u s a (Henchir Bou Cha) wurde von Commodus (GASCOU 1972, S. 164—165) zum *municipium* erhoben. Das mit seinem Namen nicht bekannte M u n i c i p i u m S e p t i m i u m... (Henchir Debbik) und S u l u l o s (Bir el Ach — auf der Karte N 15 versehentlich mit civitas-Signatur eingetragen) wurden von Septimius Severus und Caracalla zu Municipien ernannt, F u r n o s M i n u s (Henchir Msaadine) kurz danach von Caracalla. Schließlich erhielten G i u f i (Bir M'Cherga) von Severus Alexander und A b b i r C e l l a (Henchir en Naam) von Philippus Arabs den Municipalstatus verliehen (PFLAUM 1970, S. 108—109).

Außer den genannten Städten, von denen der genaue oder ungefähre Zeitpunkt ihrer Umwandlung von einer Stadt peregrinen Rechts in ein *municipium* bekannt ist, bestanden in diesem Raum sieben weitere Municipien, für die entsprechende Angaben noch nicht zu machen sind. Dazu kamen einige weitere Städte oder stadtähnliche Siedlungen, die anscheinend stets die Rechtsstellung einer peregrinen Stadt behielten, obgleich durchaus die Möglichkeit besteht, daß durch neue Inschriftenfunde die eine oder andere sich noch als *municipium* herausstellt. Nur einige wenige von ihnen wurden in die Karte N 15 eingetragen, einmal, weil bei dem gegebenen Maßstab die Darstellungsmöglichkeit begrenzt war, wenn die Karte lesbar bleiben sollte, zum anderen, weil ohnehin der Zweck der Dar-

stellung, die Heraushebung der Verdichtung der Städte in diesem Raum, erreicht schien.
Bei der erheblichen Dichte der Städte betrugen die Abstände zwischen ihnen häufig
weniger als 10 km, und damit war auch das Straßennetz entsprechend dicht.

Die wirtschaftliche Grundlage aller Städte, nordwestlich wie südöstlich des Bagradas,
die ja infolge ihrer engen Nachbarschaft oft nur Territorien von bescheidener Größe
gehabt haben können, war von jeher die Landwirtschaft und der Handel mit und der
Export von Agrarprodukten. Dabei lag der Schwerpunkt, zumindest regional, auf dem
Olivenanbau und der Ölproduktion, daneben waren wahrscheinlich die Kultur anderer
Fruchtbäume, etwa Feigen, und der Weinbau sowie selbstverständlich der Getreideanbau
von Bedeutung. Die erheblichen Produktionsüberschüsse konnten dank des gut ausgebau-
ten Straßennetzes über die Häfen Hippo Diarrhytus, Utica und namentlich Carthago ausgeführt werden.

Die auf die Versorgung Roms ausgerichtete Agrarwirtschaft nebst dem Handel brachte
den führenden Kreisen der Städte Gewinn, und ihr Wohlstand kam in der Ausstattung der
Städte mit öffentlichen Gebäuden zum Ausdruck. Dies ist infolge ausgedehnter Ausgrabungen besonders in Thugga und Thuburbo Maius zu beobachten, doch sind auch für
andere dieser Städte z. T. ansehnliche Bauten bekannt geworden.

Die Städte lagen häufig am Rande von größeren oder kleineren, in das Berg- und
Hügelland eingestreuten Becken, gelegentlich zu mehreren in geringer Entfernung voneinander aufgereiht. Außer der bereits genannten Gruppe Uccula — Avedda — Aulodes
am SE-Rand des Beckens des oberen Oued et Tine sind Bisica — Avitta Bibba — Tepelte
— Thuburbo Maius im N, Apisa Maius — Thibica — Semta im S des ausgedehnten Bled
el Fahs zu erwähnen. Bei kleineren Becken waren nur zwei Städte oder auch eine Stadt
vorhanden, aber auch diese i. d. R. am Rande des Beckens gelegen, wie z. B. Turusa im N
und Abbir Cella im S des Bled bou Chaa oder Sululos am S-Rand der Ebene von Goubel-
lat. Als Ortslagen wurden die sanft auslaufenden Hänge der umgebenden Hügel oder
Berge bevorzugt, was auch für die Städte längs des Bagradastales gilt.

Die wenigen Städte des westlichen Gebirgslandes lagen überwiegend höher oder tiefer
an den Hängen der gelegentlich markanten Bergstöcke und Bergrücken wie z. B. Thimida
(?) Bure am Djebel Goraa (840 m), Thubursicum Bure unterhalb einer 528 m hohen stei-
len Bergnase, Numluli am SE-Hang des Djebel el Matria (608 m) und Sua am S-Hang des
Djebel Chaouach (542 m). Dabei wechselte die Höhenlage der Städte, je nachdem wie
Hangverflachungen oder Sporne Raum für die Anlage einer größeren Siedlung boten.

2.1.3.3 Die Städte des inneren Hochlandes

2.1.3.3.1 Die Städte des östlichen Hochlandes der Chotts

Das innere Hochland der Chotts, das in seinem östlichen Teil in eine Anzahl kleinerer
Becken gegliedert ist, war städtearm. Die wenigen bisher bekannt gewordenen Städte oder
größeren Orte, über die noch nichts Näheres gesagt werden kann, lagen an der großen
NW-SE Verbindungslinie, die von Cirta über Sigus, wo die Straße sich gabelte, dann in
zwei annähernd parallel laufenden, 20—25 km voneinander entfernten Trassen verlief.

Wie am Nordrand des Hochlandes fanden sich auch im Süden, hauptsächlich nördlich des Aurèsmassivs (Mons Aurasius) und des Berglandes von Tébessa einige größere und kleinere Städte. Um den zwischen den östlichen Ausläufern der Hodnaberge und dem Aurès liegenden Djebel Mestaoua (nordwestlich Batna) lagen drei Städte. Am Nordfuß dieses Gebirgsstockes hatten sich Veteranen der Legio III Augusta angesiedelt. Nach GAScou (1972, S. 100—101) erfolgte diese Niederlassung möglicherweise bereits in flavischer Zeit, und erhielt die Stadt Diana Veteranorum (Zana) durch Trajan den Rechtsstatus eines *municipium*. Lamiggiga (Seriana) am NE-Rand des Gebirges, möglicherweise im Territorium von Diana Veteranorum gelegen (DESSAU 1924, RE 1. Reihe 23. Halbbd. Sp. 560—561), hatte städtischen Charakter und wahrscheinlich peregrinen Rechtsstatus. Beide Städte waren zu Beginn des 5. Jh. Bischofssitze. Sie lagen am Rande eines z. T. von kleinen Chotts eingenommenen Beckens. Westlich des Djebel Mestaoua lag das Städtchen Lamsorti (Henchir Mafouna) am Rande des Bled Belezma, ebenfalls ein Bischofssitz zu Beginn des 5. Jh. (DESSAU 1924, RE 1. Reihe 23. Halbbd. Sp. 593).

In der NE-SW verlaufenden Senke, die westlich Lambaesis den Djebel Mestaoua und die ihm angegliederten Gebirgszüge von dem Aurès trennt und die seit jeher eine wichtige Leitlinie für den Verkehr vom Hochland zum südlichen Atlasvorland um Biskra, dem römischen Vescera, war, lag das municipium Lambaridi (el Biar). Über die Entstehung dieser Stadt und ihre Erhebung zu einem *municipium* ist nur soviel bekannt, daß sie im 3. Jh. *municipium* war (DESSAU 1924, RE 1. Reihe 23. Halbbd. Sp. 542—543).

Ein weiteres *municipium* in diesem Gebiet war Casae (el Madher) am N-Rand des Djebel bou Arif (nordöstlich Batna). Die Stadt lag an der schmalsten und durchgängigsten Stelle dieses Gebirgszuges, den hier eine Straße nach Thamugadi querte, sowie an dem NE-Ende der genannten Senke und besaß so eine günstige Verkehrslage. GASCOU (1972, S. 204—205) nimmt an, daß die Stadt sich aus einer kleinen Veteranensiedlung, die nicht vor 100 n. Chr. entstand, entwickelte. Das Datum der Verleihung des Municipalstatus ist noch umstritten. Wie Casae hatte auch das nordwestlich gelegene Tadutti (bei Ain Ksar), ob Stadt oder Flecken ist noch nicht zu sagen, Bedeutung als Straßenknoten im Limeshinterland. Von Cirta kommend fächerte sich hier die Straße in drei Richtungen auf: nach Thamugadi, nach Lambaesis und nach Diana Veteranorum.

Die weitaus bedeutendsten Städte des Gebietes waren die beiden *coloniae* Thamugadi und Lambaesis. Thamugadi (Timgad) wurde von Trajan im Jahre 100 n. Chr. als Siedlungskolonie für Legionsveteranen gegründet und erhielt den Namen Colonia Marciana Traiana Thamugadi. Ihr Plan wurde von den Landmessern ausgelegt und ihre öffentlichen Bauten von den Soldaten der Legio III Augusta ausgeführt. Die Ansiedlung der Veteranen im nördlichen Vorland des Aurès erfolgte im Zuge einer Grenzpolitik, die eine Ausdehnung der Provinz nach SW zum Ziel hatte. Dazu war es u. a. notwendig, die Bewohner des Aurès unter militärische Kontrolle zu bringen. Ein Schritt in dieser Richtung war die Gründung der Veteranenkolonie Thamugadi. Ihre Bewohner, altgediente Soldaten, konnten notfalls zu militärischen, z. B. Sicherungsaufgaben eingesetzt werden und gleichzeitig einen Beitrag für die wirtschaftliche Erschließung des Landes leisten (GASCOU 1972, S. 97—100). Die erhebliche Stadterweiterung im Laufe des 2. und Anfang des 3. Jh. spricht für die wirtschaftliche Blüte der Stadt (COURTOIS 1951, S. 19). Die Lage von Thamugadi war so gewählt, daß von hier aus die wichtige, dem Oued el Abiod nach SW folgende und das Aurèsmassiv querende Durchgangslinie kontrolliert werden konnte.

Vor der Gründung von Thamugadi war bereits unter Titus 81 n. Chr. bei Lambaesis (Lambèse) eine Abteilung der 3. Legion, deren Standlager Theveste war, in dem sogenannten Ostlager von Lambaesis stationiert worden. Neben dem Ostlager, das bis in den Anfang des 3. Jh. in militärischer Nutzung verblieb (JANON 1973, S. 210), entstand anscheinend frühzeitig eine Zivilsiedlung. Diese entwickelte sich zu einer Stadt und wurde wahrscheinlich durch Marc Aurel zum *municipium* (GASCOU 1972, S. 152—156) und zwischen 238 und 253 n. Chr. zur *colonia* erhoben (DESSAU 1924, RE 1. Reihe 23. Halbbd. Sp. 539—541).

Etwa 1 km westlich des Ostlagers wurde unter Trajan das große Legionslager von Lambaesis errichtet, in das die gesamte 3. Legion verlegt wurde. Neben ihm entstanden im 2. Jh. die *canabae* (Lagerdorf), die, da im Territorium der Legion gelegen, dem Lagerkommandanten unterstanden. Jedoch verfügten ihre Bewohner zumindest über eine begrenzte Selbstverwaltung. Über die Entwicklung der *canabae* ist noch nichts Näheres bekannt. Sie erreichten aber bei weitem nicht die Ausdehnung, Ausstattung und Bedeutung der Stadt bei dem Ostlager, wie Luftaufnahmen und die archäologischen Funde beweisen (s. u. a. JANON 1977, S. 478, Abb. 2).

Den Anstoß zu der Gründung der beiden militärischen Anlagen, und namentlich des Legionslagers, gab zweifellos die bereits erwähnte, unter den Flaviern einsetzende und von Trajan dann verstärkt aufgenommene militärische und wirtschaftliche Expansionspolitik nach SW, die eine Kontrolle der Gebirgsbevölkerung des Mons Aurasius wie der Nomadenstämme der Steppengebiete nördlich wie südlich der Gebirge des Saharaatlas erforderlich machte. Dies geschah durch die Überwachung des Aurèsmassivs und den Anschluß des Limesgebietes südlich des Saharaatlas mittels mehrerer Straßen. Von Lambaesis aus beherrschten die Legionäre die sehr wichtige Verbindungslinie westlich des Aurès durch die Ketten des Saharaatlas, die über Calceus (el Kantara) nach Vescera (Biskra) führte und die militärisch stark ausgebaut war. Daneben waren aber auch die Zugänge in das westliche Aurèsmassiv und die SW-Verbindungen durch die Täler des Oued el Abdi und Oued el Abiod von Lambaesis aus gut zu überwachen.

Lag für Lambaesis der Schwerpunkt zunächst bei den militärischen Aufgaben, so trat im Laufe der Entwicklung des gesamten „Siedlungskomplexes Lambaesis" mehr die wirtschaftliche Komponente, verstärkt durch die Verwaltungsaufgaben in den Vordergrund. Die gesamte Region um Lambaesis wie Thamugadi erlebte im Laufe des 2. Jh. eine starke Entwicklung der ländlichen Besiedlung und der Produktion von Weizen und Olivenöl, was die offensichtliche wirtschaftliche Blüte der beiden Städte bewirkte. Hinzu kam, daß nach der Einrichtung der Provinz Numidien durch Septimius Severus i. J. 198 oder 199 n. Chr. der Legat der 3. Legion Statthalter dieser neuen Provinz wurde (BENGTSON 1970, S. 370), wodurch Lambaesis wahrscheinlich Sitz gewisser Verwaltungsfunktionen wurde. Vermutlich hat dadurch der zivile Sektor des gesamten Siedlungskomplexes von Lambaesis an Gewicht gewonnen, zumal das Legionslager in späterer Zeit nie voll belegt war, da ständig Vexillationen der Legion zu verschiedenen Aufgaben für kürzere oder häufig auch längere Zeit abkommandiert waren. Im Jahre 238 wurde die Legion aufgelöst und erst 253 wurde sie wieder aufgestellt, und zu Beginn des 4. Jh. n. Chr. war das Standlager anscheinend von der Legion verlassen. Mit der Neuordnung der Provinzen durch Diokletian wurde sie wohl auf mehrere Standorte aufgeteilt (RITTERLING 1925, RE 1. Reihe 24. Halbbd. Sp. 1493—1501).

Nur knapp 2 km nordöstlich der Stadt Lambaesis lag V e r e c u n d a (Markouna), das als eine Art Annex zunächst verwaltungsmäßig zu Lambaesis gehörte, und wo sich zahlreiche Veteranen in einem *vicus* niederließen. Der Ort entwickelte sich im Laufe des 2. Jh. zu einer städtischen Siedlung, die den Rechtsstatus eines *municipium* möglicherweise bereits unter Marc Aurel, spätestens unter Septimius Severus erhielt (GASCOU 1972, S. 156—158).

Während Thamugadi nur ca. 20 km östlich Lambaesis lag, setzte erst etwa 60 km östlich Thamugadi das an dem NE-Ausläufer des Mons Aurasius gelegene M a s c u l a (Khenchela) die Städtereihe am N-Rand des Gebirges fort. Die Stadt erhielt wahrscheinlich im 2. Jh. den Status eines *municipium*, doch ist das nähere Datum nicht bekannt. Auch über ihre Entstehung und Entwicklung kann noch nichts Sicheres gesagt werden. Mascula lag an der wichtigen E-W-Straße von Theveste nach Lambaesis und war durch zwei nach WSW bzw. SW führende Straßen, die durch das Aurèsgebirge bzw. zwischen diesem und dem Nementchabergland verliefen, mit den wichtigen Limeskastellen und -orten Thabudeos (Thouda) bzw. Badias (Badès) verbunden.

Etwa 12 km nördlich Mascula lag im Hochland B a g a i (Ksar Baghai), eine der wenigen Städte, die im Flachland der Chottregion und nicht am Rande eines Gebirgsstockes angelegt war. Die Stadt wurde im Altertum dadurch bekannt, daß sie im 4. Jh. Hauptsitz der Donatisten war, und sich dort im Jahre 394 ein wichtiges Konzil versammelte (DESSAU 1896, RE 1. Reihe 2. Bd. Sp. 2765—2766). Letztere Tatsache läßt darauf schließen, daß die Stadt eine gewisse Größe und Bedeutung gehabt hat, wenn man darüber auch noch nicht durch Ausgrabungen näher unterrichtet ist.

Zwischen Mascula und Theveste lagen zwei größere Siedlungen, von denen V e g e s e l a (Ksar el Kelb) wohl städtischen Charakter hatte, wie die ausgedehnten Ruinen und die Tatsache, daß der Ort Bischofssitz war (COURTOIS 1955, RE 2. Reihe 15. Halbbd. Sp. 575), wahrscheinlich machen. A q u a e   C a e s a r i s (Youks les Bains), ein Badeort etwa 18 km WNW von Theveste, hatte dagegen wohl nur die Größe eines Fleckens.

Ungefähr 90 km östlich Mascula, am Nordfuß einer der Ketten des Berglandes von Tébessa und am S-Rand eines nach N offenen Beckens gelegen, war T h e v e s t e (Tébessa) die bedeutendste dieser Gebirgsrandstädte und wahrscheinlich eine der größten Städte des römischen Nordafrika. Theveste geht auf eine vorrömische Siedlung zurück. Unter Vespasian wurde um 75 n. Chr. das Standlager der Legio III Augusta von Ammaedara hierher verlegt. Wie stets bei den Legionslagern entstanden auch hier die *canabae*, in denen Wirte, Händler und Handwerker, daneben auch Soldatenfrauen und -kinder ansässig wurden. In der Regierungszeit Trajans erfolgte dann — nach 100 n. Chr. — die Verlegung der Legion nach Lambaesis. Anschließend wurde bereits von Trajan, wie GASCOU sicher zu Recht schließt, eine Veteranenkolonie gegründet, die einmal die Aufgabe hatte, nach Verlegung der Legion diesen Raum nicht nur in gewissem Grade zu sichern, sondern auch wirtschaftlich stärker zu erschließen. Dabei lag der Schwerpunkt auf dem Olivenanbau, der in der weiteren Umgebung Thevestes im 2. Jh. in Aufnahme kam, und der auch auf den ausgedehnten kaiserlichen Domänen dieses Gebietes eine wichtige Rolle spielte. Seit Hadrian war dieser Domänenbezirk einem eigenen Verwalter, dem p r o c u r a t o r regionis Thevestinae mit Sitz in Theveste unterstellt (GASCOU 1972, S. 91—97), so daß die Stadt damit eine zusätzliche zentrale Funktion hatte, die sicher für die wirtschaftliche Entwicklung vorteilhaft war. Theveste lag zentral in einem Straßenbündel, das sie mit Carthago, Hippo Regius, Cirta, Lambaesis und dem Limesgebiet, aber auch mit Hadrumetum, Thaenae und über Capsa mit Tacapae verband.

2.1.3.3.2 Die Städte im Hochland nördlich des Tunesischen Rückens

Von dem Bergland von Tébessa, das als östlichster Ausläufer der Gebirgssysteme des Saharaatlas anzusehen ist, erstrecken sich nach NE bis zur Halbinsel Cap Bon locker aneinandergereihte Gebirgszüge, die unter der Bezeichnung „Tunesischer Rücken" (Dorsale tunisienne) zusammengefaßt werden. Dieser „Rücken" wird in seinem südwestlichen Teil beiderseits von einer Anzahl von Hochflächen und Becken begleitet, die nach NE niedriger werden, und in bzw. zwischen denen einzelne Bergstöcke und -rücken aufragen. Im NE, besonders gegen das Bergland, das die nördlichen dieser Hochflächen von der Ebene des mittleren Medjerda trennt, finden sich einzelne intramontane Becken unterschiedlicher Größe und geringer Höhenlage, die den Übergang zu den bereits besprochenen nordöstlichen Landschaften bilden.

Klimatisch sind dabei die nördlich des Tunesischen Rückens gelegenen Hochflächen und Becken mehr dem Tell verwandt und daher auch als Haut Tell (DESPOIS 1961, S. 144) bezeichnet worden, da sie noch einigermaßen günstige Niederschlagsverhältnisse aufweisen, während die südlich gelegenen Hochebenen im Regenschatten der „Dorsale" (Haute Steppe, DESPOIS 1961, S. 101) klimatisch zu den Steppen Südtunesiens mit relativ geringen und stärker von Jahr zu Jahr schwankenden Niederschlägen überleiten. Wegen ihrer Höhenlage haben dagegen beide Regionen ähnliche Temperaturverhältnisse, und auch durch ihre Binnenlage unterscheiden sie sich bezüglich der Luftfeuchtigkeit gemeinsam von den im NE und E anschließenden Landschaften.

Im Bereich der nördlichen Becken und Hochflächen lag eine Reihe von Städten unterschiedlicher Größe und Bedeutung an der wichtigen E-W-Straße, die von Carthago nach Cirta führte. Auf Agbia, das bereits bei den Städten im Bergland um Thugga erwähnt wurde, folgte nach SW in etwa 10 km Entfernung Musti (bei le Krib). Der Platz war bereits zur Zeit Massinissas besiedelt und entwickelte sich zu einem städtischen Gemeinwesen. Hier wurden wahrscheinlich bereits Veteranen des Marius und später Caesars angesiedelt, und unter Caesar (oder Octavian) erhielt die Stadt den Rechtsstatus eines *municipium* mit Namen Municipium Iulium Mustitanum, dem später noch das Epitheton Aurelium hinzugefügt wurde, wie TEUTSCH (1962, S. 118—119) und namentlich BESCHAOUCH (1968, S. 142—151) wahrscheinlich machen konnten. Ungefähr weitere 10 km südwestlich lag das municipium Thacia (Bordj Messaoudi), wo die von Carthago kommende Straße sich gabelte, um nach Cirta bzw. Theveste weiterzuführen. Dann wurden die Abstände zwischen den Städten größer, das Städtchen Ucubi (el Goussat) lag etwa 25 km von Thacia entfernt, und nach weiteren 22 km erreichte die Straße Sicca Veneria.

Alle diese Städte lagen am Rande von größeren oder kleineren Becken in sanfter oder steilerer Hanglage, wie namentlich Sicca Veneria (Le Kef), das am SW-Hang eines Bergrückens über einer weiten fruchtbaren, etwa 500 m hoch gelegenen Ebene erbaut war.

Sicca war bereits unter karthagischer und numidischer Herrschaft eine größere Siedlung städtischen Charakters. Ihr wurde von Octavian-Augustus das Recht einer römischen Kolonie mit Namen Colonia Iulia Veneria Cirta Nova Sicca verliehen (Teutsch 1962, S. 173—174). Ihre Bedeutung und Blüte verdankte die Stadt neben ihrem fruchtbaren Umland ihrer günstigen Verkehrslage. Sie war ein wichtiger Straßenknoten an der E-W-Achse, von dem eine Verbindung nach N über Thunusida und Bulla Regia bis Thabraca führte, sowie zwei Straßen nach SE über Lares — Assuras — Sufes nach Sufetula bzw. nach SW über Ammaedara nach Theveste abzweigten.

Knapp 20 km von Sicca lag in einer breiten Senke zwischen zwei sanften Gebirgsrücken Lares (Henchir Lorbeus), das bereits zur Zeit des Jugurthinischen Krieges eine bedeutende Siedlung war und von Hadrian den Rechtstitel einer *colonia* erhielt (Gascou 1972, S. 131—132). Hier kreuzte die nach SE führende Straße die große Hauptachse, die von Carthago kommend ab Thacia über Althiburos und Ammaedara nach Theveste zog. An der südostwärts führenden Straße folgte dann nach weiteren 18 km Assuras (Zanfour), wo sich in einem numidischen *oppidum* bereits um die Mitte des 1. Jh. v. Chr. römische Bürger niedergelassen hatten. Die Stadt wurde höchstwahrscheinlich bereits von Octavian zur Colonia Iulia Assuras erhoben (Teutsch 1962, S. 175). Am SW-Rand der Ebene von Sers gelegen war die Stadt ein Knotenpunkt im lokalen Straßennetz.

Auch zu dem südwestlich an der Hauptstraße nach Theveste gelegenen Althiburos (Medeina) bestand eine direkte Verbindung von Assuras, ein weiterer Hinweis für die recht große Dichte des römischen Straßennetzes in diesem Gebiet. Althiburos lag nur etwa 18 km von Assuras und etwa ebensoweit von Lares entfernt am N-Rand eines der das Hochland um einige hundert Meter überragenden Bergländer. Die Stadt bestand bereits in vorrömischer Zeit und wurde von Hadrian zum Municipium Aelium Hadrianum Augustum Althiburitanum erhoben (Gascou 1972, S. 133—134).

Gegen SW war die Dichte der Städte wesentlich geringer. Wo die Römerstraße sich dem Bergland von Tébessa näherte, lag zwischen Althiburos und Theveste, aber näher dem letzteren Ammaedara (Haidra), die auch eine direkte Straßenverbindung nach Sicca Veneria hatte. Hier bestand etwa seit dem Ende der Regierungszeit des Augustus das Standlager der 3. Legion, bis diese unter Vespasian um 75 n. Chr. nach Theveste verlegt wurde. Wahrscheinlich gleichzeitig wurde dann durch Vespasian eine Siedlungskolonie für Veteranen gegründet, die den Namen Colonia Flavia Augusta Aemerita Ammaedara erhielt. Ihre Aufgabe war die weitere Sicherung und wirtschaftliche Entwicklung dieses Gebietes (Gascou 1972, S. 29—30).

Etwa 20 km östlich Ammaedara am N-Rand des zum Tunesischen Rücken zu zählenden Djebel ech Char lag Thala (Thala). Sie war in numidischer Zeit eine bedeutende Stadt und hatte im Verlauf der Auseinandersetzungen der Römer mit den Numidern ein recht wechselvolles Schicksal. Über ihre Bedeutung und rechtliche Stellung in der römischen Kaiserzeit ist man aber noch nicht hinreichend unterrichtet (Hölscher 1934, RE 2. Reihe 9. Halbbd. Sp. 1185—1186).

2.1.3.3.3 Die Städte im Bereich des Tunesischen Rückens

Der Tunesische Rücken (Dorsale) setzt die Gebirgsketten des Berglandes von Tébessa vom Djebel Bireno (1419 m) und Djebel Semmama (1314 m) nach NE bis zum Djebel

Ressas (795 m) und Djebel bou Kournine (576 m) nahe bei bzw. an dem Golf von Tunis fort. Er besteht aus einzelnen aneinander gereihten, zuweilen auch annähernd parallelen, langgestreckten Bergketten und gedrungenen Gebirgsstöcken unterschiedlicher Größe, zwischen die Hochflächen, Becken und größere Talzonen eingeschaltet sind. Wie die Höhe der einzelnen Gebirge der Dorsale so nimmt auch die Breitenausdehnung dieses zentralen Hochgebietes von SW nach NE ab, von etwa 36 km im SW und im mittleren Teil um Mactar bis auf 16—12 km im Bereich des Djebel Ressas.

Der südwestliche Teil dieser Gebirgszone war städteleer. Erst nordöstlich der breiten Senke des Oued el Hathob gab es eine Anzahl von Städten. Die bedeutendste von ihnen, Mactaris (Mactar), war schon in numidischer Zeit eine Stadt mit zentralen Funktionen, in der sich frühzeitig römische Bürger neben der eingesessenen Bevölkerung, die auch durch punische Zuwanderer vermehrt wurde, ansiedelten. Zur Zeit Trajans und noch danach war Mactaris der Hauptort eines Gaues, des „pagus Thuscae et Gunzuzi", der 64 Flecken, Dörfer oder auch nur Weiler umfaßte und eine möglicherweise auf numidische Zeit zurückreichende Verwaltungseinheit war. Für die Zeit des Antoninus Pius ist die Stadt durch einen Inschriftenfund als Verwaltungssitz des *procurators* eines Steuerbezirks nachgewiesen, was ihre zentrale Funktion unterstreicht. Trotzdem hatte noch 169 n. Chr. die Stadt als *civitas* nur peregrines Recht und erst während der gemeinsamen Regierung von Marc Aurel und Commodus (176—180 n. Chr.) wurde sie zur Colonia Aelia Aurelia Augusta Mactaris erhoben (GASCOU 1972, S. 147—151; G. CH. PICARD 1957, S. 21—24). Mactaris lag in einem 800—950 m ü. d. M. liegenden, von dem Oued el Ousafa und seinen Nebenflüßchen z. T. stark zerschnittenen Gebirgsbecken. Die Ortslage auf dem Hals eines Sporns bot der numidischen Siedlung eine gute Verteidigungsmöglichkeit und der römischen Stadt hinreichenden Raum für ihr Wachstum. In dem dicht besiedelten Umland bildete der Getreideanbau den Schwerpunkt der Agrarwirtschaft. Von der Blüte der Stadt in der römischen Kaiserzeit zeugen zahlreiche Reste öffentlicher Bauten.

Nordwestlich von Mactaris im Bergland der Ouled Ayar lag Thigibba (Hammam ez Zouakra), wohl ebenfalls schon in numidischer Zeit entstanden. Über Entwicklung, Geschichte und Rechtsstatus der Stadt ist noch nichts Näheres bekannt.

Eine völlig andere topographische Lage als Mactaris, nämlich an einem SE exponierten unteren Hang des Ousafatales hatte Uzappa (el Ksour). Noch zur Regierungszeit Caracallas war sie eine *civitas*, doch wurde ihr, wohl durch Vermittlung eines einflußreichen Patrons, von Gallienus der Rechtstitel eines *municipium* verliehen, wie BESCHAOUCH (1969, S. 204) wahrscheinlich machen konnte.

Noch nicht bekannt ist der Status von Manange (Henchir Farhoua) nördlich des Karstplateaus des Djebel Kessera, heute eine vom Wald umgebene Wüstung mit ansehnlichen Bauresten. Dagegen war das am SW-Rand dieses Plateaus am Austritt kräftiger Quellen an der Stelle des heutigen Kesra gelegene Chusira *civitas* (DESSAU 1899, RE 3. Bd. Sp. 2527) und hatte somit eine gewisse zentralörtliche Bedeutung.

Weiter im NE der Dorsale, wo diese weniger breit ausgebildet ist, lagen nur vereinzelt Städte im Gebirge. Das municipium Furnos Maius (Ain Fourna) lag am Hang über dem Tal des oberen Oued Kebir am SE-Rand des Djebel Kifene. Vermutlich eine vorrömische Gründung erhielt die Stadt im 2. Jh. Municipalstatus, ohne daß der nähere Zeitpunkt angegeben werden kann (Gascou 1972, S. 201). In einem kleinen Becken östlich vom Djebel bou Kril lag das municipium Seressi (Oum el Abaoud), über dessen Geschichte kaum etwas bekannt ist (Dessau 1923, RE 2. Reihe 4. Halbbd. Sp. 1683). Eine Anzahl von öffentlichen Gebäuden und die Ausdehnung des Ruinenfeldes deuten darauf hin, daß die Stadt eine gewisse Bedeutung hatte. Ihre Erhebung zum municipium erfolgte in der 2. Hälfte des 2. oder zu Beginn des 3. Jh. (Pflaum 1970, S. 102).

Zwischen dem E-Rand des nördlichen Tunesischen Rückens (in engerem Sinne) und seinen Vorbergen sind drei Städte zu nennen, über deren Entwicklung nur spärliche Nachrichten vorliegen. Östlich der N-Ausläufer des Djebel Serdj lag die civitas Muzuca (Henchir Karachoum), die dann von Caracalla den Rechtstitel eines municipium erhielt (Gascou 1972, S. 59). Die Stadt war auf dem sanft auslaufenden E-Hang eines Hügelsporns erbaut, der im N vom Oued el Kreub, im S vom Oued Maarouf umflossen wurde, direkt westlich der Vereinigung der beiden Flüßchen zum Oued Nebaana. Von hier führte wahrscheinlich eine Straße nach W den Oued el Kreub aufwärts durch das Gebirge nach Furnos Maius. Abthugni (Henchir es Souar), am SE-Fuß des Djebel Fkirine gelegen, wurde von Hadrian zum municipium erhoben (Gascou 1972, S. 130). Diese frühe Verleihung des Municipalstatus spricht, ebenso wie die Lage der Stadt an einem Berghang dafür, daß Abthugni bereits in vorrömischer Zeit bestand und zu Beginn des 2. Jh. schon eine gewisse Bedeutung hatte. Die südöstlich des Zaghouanmassivs unterhalb des Djebel Kef en Naama liegende Stadt Thaca (Henchir Zahtoun) hatte mindestens bis in die Regierungszeit des Antoninus Pius als peregrine Stadt eine Verwaltung nach karthagischem Muster. Sie war auch noch 212 n. Chr. civitas und erhielt erst danach den Status eines municipium (Treidler 1934, RE 2. Reihe 9. Halbbd. Sp. 1180).

2.1.3.3.4   Die Städte im Hochland südlich des Tunesischen Rückens

Wie erwähnt wurde, unterscheiden sich die mitteltunesischen Hochflächen (Haute Steppe) südlich der westlichen Dorsale klimatisch erheblich von den zuletzt besprochenen Gebieten. Sie waren aber trotz ihrer relativen Klimaungunst in späterer römischer Zeit mittels des Olivenanbaus noch recht intensiv agrar genutzt, und neben zahlreichen ländlichen Siedlungen bestanden hier auch einige bedeutende Städte.

Wo die SW-NE verlaufenden Ketten des Tunesischen Rückens von der breiten, annähernd NW-SE ziehenden Senke des Oued el Hathob (= Oued el Hateb) unterbrochen werden, lag nahe dem SW-Rand dieser Senke die Stadt Sufes (Sbiba), die wahrscheinlich in der 2. Hälfte des 2. Jh. zur colonia erhoben wurde. Gascou (1972, S. 146) wies darauf hin, daß noch nicht gesagt werden kann, ob die Verleihung dieses Rechtsstatus tatsächlich durch Marc Aurel erfolgte, wie bisher angenommen wurde. Ein späterer Termin, bis in die Zeit des Septimius Severus, ist nach den Quellen nicht auszuschließen. Sufes war ein wichtiger Straßenknoten, an dem sich die etwa E-W-führende Straße Hadrumetum—Ammaedara und weiter nach Theveste bzw. Cirta mit der N-S-Verbindung Thabraca—Sicca Veneria—Sufetula—Capsa kreuzten.

Sufetula (Sbeitla), 35 km südlich Sufes, war wahrscheinlich die bedeutendste Stadt dieses Gebietes. Ihre Entstehung und Entwicklung ist aber noch nicht hinreichend sicher geklärt. Nach den bisher zur Verfügung stehenden Quellen dürfte die mit planmäßigem Grundriß angelegte Stadt von Vespasian zum municipium erhoben worden sein. Gascou

(1972, S. 30—31) hält es für denkbar, daß bereits vor der flavischen Zeit ein militärischer Stützpunkt bestand, doch weist er selbst darauf hin, daß dafür noch keine archäologischen oder epigraphischen Hinweise gefunden wurden. Zur Zeit des Severus Alexander ist die Stadt dann als *colonia* ausgewiesen. Sie war durch ein Straßenbündel mit den wichtigsten Nachbarstädten sowie mit den Häfen der Ostküste, namentlich Thaenae, und mit dem Limesbereich verbunden. Ihr durch die öffentlichen Bauten bezeugter Wohlstand dürfte im wesentlichen auf dem Olivenanbau und dem Ölhandel beruht haben.

Auch die Frage nach der Entstehung und frühen Entwicklung von Cillium (Kasserine), das ca. 30 km südwestlich von Sufetula lag, ist noch nicht eindeutig zu beantworten. Gascou (1972, S. 31—32), der sich auch mit dieser Frage auseinandergesetzt hat, weist darauf hin, daß hier möglicherweise ein Militärposten angelegt wurde, als unter Vespasian die 3. Legion von Ammaedara nach Theveste verlegt wurde. Er stellt auch (1972, S. 86—89) — entgegen der meist vertretenen Auffassung, daß Cillium ein flavisches *municipium* sei — die Hypothese auf, daß erst Trajan der Stadt Cillium den Status eines *municipium* verlieh. Im 3. Jh. erhielt sie dann die Rechtsstellung einer *colonia*.

Auch für Thelepte (bei Fériana) sind die Quellen so spärlich, daß über die Entstehung und frühe Entwicklung der Stadt noch keine sicheren Aussagen zu machen sind. Gascou (1972, S. 83—86) vertritt die Hypothese, daß hier zunächst in vespasianischer Zeit ein befestigter Posten angelegt wurde, wenn auch hierfür noch keine substantiellen Hinweise vorhanden sind. Nahezu sicher ist nach den Inschriftenfunden dagegen, daß die *colonia* zur Zeit Trajans entstand, und Gascou ist der Meinung, daß hier wahrscheinlich eine Siedlungskolonie für Veteranen angelegt wurde, möglicherweise bei einer kleinen Siedlung der einheimischen Bevölkerung, wofür der nichtrömische Name der Stadt spräche. Thelepte lag an der wichtigen SE-NW-Straße, die von Tacapae über Capsa nach Theveste und von dort weiter nach Lambaesis bzw. Cirta führte, etwa halbwegs zwischen Capsa und Theveste. Ferner hatte sie direkte Verbindung mit Cillium, Ammaedara und in das Limesgebiet nach dem Kastell Ad Maiores. Wie alle diese Städte verdankte auch Thelepte im wesentlichen dem Olivenanbau und dem Ölhandel sein wirtschaftliches Gedeihen.

Betrachtet man die geographischen und topographischen Lagen dieser Städte, so fallen einige Gemeinsamkeiten auf: alle lagen an bzw. nahe bei mehr oder weniger breiten Durchgängen durch die Bergketten, durch die man von den arideren Gebieten im S in weniger aride oder verhältnismäßig humide Bereiche im N gelangt.

Bei Sufes wurde bereits kurz darauf hingewiesen, daß die ca. 620 m hoch liegende Stadt am S-Eingang in das Becken des oberen Oued el Hathob lag, von dem aus das innere Gebirgsland der mittleren Dorsale und das nördliche Hochland gut zugänglich sind. Südwestlich von Sufes sperren der Djebel Semmama (1314 m) und der Djebel Tiouacha (1100—1350 m), nordöstlich der Djebel Sidi ben Habbes (1023 m) und einige andere Gebirgsstöcke den Zugang aus den Steppen nach N. Für die Ortslage hatten die Gründer der Stadt bzw. ihres Vorläufers einen niedrigen Hügel am Fuße der E-Abdachung des Djebel Tiouacha etwa 3,5 km westlich vom Oued el Hathob gewählt.

Auch Sufetula lag, ca. 550 m hoch, in einer günstigen Durchgangszone. Hier bietet die Ausräumungszone dreier kleiner Flüßchen, die sich unterhalb Sufetulas zum Oued el Hadjel vereinigen, eine gute Zugangsmöglichkeit aus den östlichen Steppen in weite intramontane Senken und Becken und weiter über Sufes nach N. Westlich und südlich Sufetula sind der Djebel Selloum (bis 1258 m) und östlich von ihm ein sehr unruhig reliefiertes Berg- und Hügelland, im NE der Stadt der bis 1378 m hohe, geschlossene Gebirgszug des Djebel Mrhila gar nicht oder nur schlecht durchgängig. Erbaut war die Stadt auf einer Terrasse über dem nordöstlichen der genannten Flüßchen, das die Stadt im N und E umfloß und heute den Namen Oued Sbeitla führt. In der Nähe entspringende starke Quellen dienten der Wasserversorgung Sufetulas.

Cillium lag etwa 700 m hoch in der Senke zwischen dem Djebel Chambi (bis 1544 m) und seinen östlichen schlecht durchgängigen Vorbergen im W und dem Djebel Selloum im E dort, wo die Senke sich etwas verengt. Von hier waren über das Becken des oberen Oued el Hatab Ammaedara und Theveste zu erreichen. Cillium war ähnlich wie Sufetula (z. T.) auf einer Terrasse des Oued el Darb, eines südwestlichen Nebenflusses des Oued el Hatab erbaut.

Thelepte schließlich lag 790 m hoch in dem Tal des Oued ech Cherik, wo dieser die, hier zwar nur zwischen 950 und 1050 m hohen, d. h. nur 150—250 m über das Hochland aufragenden, aber sehr schlecht zu durchquerenden Gebirgszüge durchbricht, die sich sehr geschlossen zwischen dem Djebel Bottena (1146 m) im SW und dem Djebel Selloum im NE erstrecken. Die Ortslage der Stadt über dem linken Ufer des Flusses unmittelbar oberhalb der schmalsten Talstrecke und nahe dem oberen Ende des sich daran anschließenden weiten Schwemmkegels bot drei Vorteile: leichte Sperrmöglichkeit des Durchgangs, gute Wasserversorgung aus dem Grundwasserstrom und die Nähe eines bewässerbaren Schwemmkegels. Mit dieser Lage beherrschte Thelepte sowohl den Zugang zu der weiten Senke zwischen Djebel Tamesmida und Djebel Chambi im N und den erwähnten Gebirgsketten im S, als auch die Verbindung zwischen Theveste und Capsa und den Durchgang nach N über Cillium.

Wenn man diese Entsprechungen der geographischen und der topographischen Lagen miteinander vergleicht und dazu noch die nahezu gleichen Entfernungen — jeweils etwa 30 km — der Plätze in Betracht zieht, dann drängt sich über die von GASCOU geäußerten Vermutungen bezüglich des Bestehens von Militärposten der flavischen Epoche hinaus der Gedanke auf, ob hier nicht ursprünglich ein früher *limes* bzw. ein Teil eines solchen vorlag, der einmal nach der Niederwerfung des Aufstandes des Tacfarinas das Gebiet der Musulamen überwachen, zum anderen die Herdenwanderungen der Nomaden, die sehr wahrscheinlich damals noch weit nach N reichten, kontrollieren und die Siedlungen der seßhaften Bevölkerung vor Übergriffen der Nomaden schützen sollte.

Außer diesen Städten gab es in dem südlichen Hochland eine Reihe größerer Siedlungen, die wohl überwiegend den Charakter von Flecken *(vici)* hatten, und deren Namen i. a. noch nicht durch Inschriftenfunde bekannt wurden oder aus den Itinerarien entnommen werden konnten. Wie die in ihnen gelegentlich gefundenen „Ölfabriken" zeigen, hatten sie als Mittelpunkte der Ölgewinnung eine gewisse wirtschaftliche Bedeutung, wie z. B. das heute in einer Lichtung eines Aleppokieferwaldgebietes liegende Henchir el Goussa nahe der tunesisch-algerischen Grenze.

2.1.3.4 Die Städte des osttunesischen Sahel und seiner Randlandschaften

Nach Osten nehmen die Hochflächen, die durch einzelne Gebirgszüge gegliedert werden, an Höhe ab und gehen in das östliche, niedrig gelegene Küstenland über. Hier wird besonders in Küstennähe die südlich des Tunesischen Rückens infolge der Lee- und Binnenlage herrschende Aridität durch den Einfluß des benachbarten Meeres und der Exposition gegenüber den gelegentlichen, Regen bringenden SE-Winden erheblich gemildert. So lagen längs des ganzen Küstengebietes, wie heute noch oder wieder, in römischer Zeit weite Olivenanbaugebiete, die auch eine große agrare Siedlungsdichte aufwiesen. Um so auffallender ist es, daß hier neben den recht zahlreichen Küstenstädten, die bereits besprochen wurden, fast keine städtischen Siedlungen im Hinterland bestanden.

Zwischen Thaenae und Hadrumetum sind bisher nur drei Städte bekannt, von denen allein Thysdrus (El Djem) im Laufe der Kaiserzeit größere Bedeutung gewann. Bereits zur Zeit Caesars bestand hier ein Handels- und Umschlagplatz für Weizen, in dem auch eine Anzahl römischer und italischer Kaufleute ansässig war. Von Plinius wird der Ort als *oppidum liberum* erwähnt, dürfte also zu Beginn der Kaiserzeit städtischen Charakter gehabt haben. Mit der Ausdehnung des Olivenanbaus im 2. Jh. n. Chr. wuchs die wirtschaftliche Bedeutung der Stadt, die nun auch ein Zentrum des Ölhandels für das mittlere Sahelgebiet wurde. Sie wurde wahrscheinlich vor 198 n. Chr. durch Septimius Severus zum *municipium* erhoben (GASCOU 1972, S. 192—194) und erhielt später (wahrscheinlich um 300 n. Chr.) den Status einer *colonia*. Mit mehreren Hafenstädten der Ostküste war sie durch Straßen verbunden. Als Zeichen des Wohlstandes ihrer Bewohner kann man neben zahlreichen großen, gut ausgestatteten Peristylvillen das große Amphitheater ansehen. Es bot 30 000 Zuschauern Platz und diente zweifellos auch der Bevölkerung eines weiteren Umlandes, was auch für den Circus anzunehmen ist.

Das 15 km südöstlich von Thysdrus an der Straße nach Usula gelegene Bararus (Rougga) verdankte seine Entwicklung ebenfalls dem Ausbau der Ölproduktion. Das Städtchen hatte, wie jüngste, noch nicht publizierte Ausgrabungen zeigen, zwar nur eine bescheidene Größe, aber eine gewisse zentrale Bedeutung für sein Umland (TROUSSET 1977, S. 204). Für ein gewisses wirtschaftliches Gewicht spricht, daß Bararus den Status eines *municipium* erhielt. Über Sarsura (Henchir el Ksour), ca. 17 km nördlich von Thysdrus an der Straße nach Hadrumetum gelegen, sind noch keine näheren Aussagen möglich. Auch an der Straße Thysdrus—Sullectum lag eine größere, möglicherweise städtische Siedlung, wie ein kürzlich gemachter Inschriftenfund zeigt, der einen bisher nicht bekannten Ort Lasica oder ähnlich erwähnt (FOUCHER 1966, S. 133).

Während heute im Sahel von Sousse (Hadrumetum) zahlreiche Großdörfer liegen, deren Einwohnerzahlen denen von Kleinstädten entsprechen, sind in diesem Gebiet bisher nur zwei römische Städte bekannt geworden, die civitas Gurza (bei Kalaa Kebira) und Ulisippira (westlich Sidi bou Ali). Letztere wird von Plinius als *oppidum liberum* erwähnt und erhielt durch Hadrian einen höheren Rechtsstatus, doch ist noch fraglich, ob als *municipium* oder als *colonia* (GASCOU 1972, S. 136—137).

Man könnte vermuten, daß die Großdörfer z. T. über römischen städtischen Siedlungsplätzen entstanden, und daß dadurch die römischen Siedlungsspuren getilgt wurden bzw. unbekannt blieben. Dann wären aber Funde von wieder verwendeten römischen Bauteilen und Inschriften zu erwarten, die bisher nicht gemacht wurden. Auch die antiken Schriftsteller und Itinerarien geben keine Hinweise für das einstige Bestehen römischer Städte in dem Sahel von Sousse. So dürften unsere heutigen Kenntnisse etwa die tatsächlichen Siedlungsverhältnisse in römischer Zeit erfassen: trotz einer tragfähigen Agrarlandschaft mit zahlreichen Einzel- und Gruppensiedlungen fehlten im Küstenhinterland des gesamten Sahel, von den genannten Ausnahmen abgesehen, die Städte und fanden sich solche nur längs der Küste. Diese auffällige Städteleere war vermutlich dadurch bedingt, daß hier, von den Territorien der Küstenstädte und der wenigen Binnenlandstädte abgesehen, große Gebiete kaiserliches Domänenland waren, worauf die Tatsache hinweist, daß Hadrumetum und Leptis Minor Sitz von Domänen-Procuratoren waren.

Wo nördlich des Sahel von Sousse der NE streichende Tunesische Rücken und seine östlichen Vorberge sich der Küste des Golfes von Hammamet nähern und das Tiefland nach N zunehmend einengen, bestanden mehrere Städte, über deren Entstehung und Entwicklung man erst sehr unvollständig unterrichtet ist. Die am Rande der Hügelzone gegen die alluviale Küstenebene gelegene Stadt Uppenna (Henchir ech Chegarnia) wird zur Zeit Constantins I als *colonia* erwähnt (LEGLAY 1961, RE 2. Reihe 17. Halbbd. Sp. 929); die civitas Biia (Aine Batria) war um die Mitte des 4. Jh. n. Chr. *municipium* (PFLAUM 1970, S. 102), doch ist das Datum der Verleihung dieses Status unbekannt; Segermes (Henchir Harat) wurde nach GASCOU (1972, S. 146) durch Marc Aurel zum Municipium Aurelium Augustum Segermes erhoben und Putput (bei Hammamet) wird am Anfang des 4. Jh. als *colonia* genannt. Letztere Stadt war ein Straßenknotenpunkt, von dem die von S kommende Küstenstraße nach W nach Thuburbo Maius, nach NW durch die Senke von Grombalia nach Carthago und schließlich weiterhin in Küstennähe nach Neapolis und den Städten an der Ostküste der Halbinsel Cap Bon weiterführte.

In der Senke von Grombalia und dem sie begleitenden Hügelland lagen die Städte Siagu (Ksar ez Zit bei Hammamet), Vina (Henchir el Madene) und Tubernuc (Aine Tebornok). Siagu war als *civitas* eine Stadt peregrinen Rechts. Dem Municipium Aurelium Vina, noch zur Zeit Hadrians ein wahrscheinlich von Carthago abhängiger *vicus*, wurde wahrscheinlich von Marc Aurel der Municipalstatus verliehen (GASCOU 1972, S. 144—145), während für Tubernuc, das in einem kleinen Talbecken im Bergland westlich von Vina lag, noch nicht bekannt ist, wann es *municipium* wurde (TREIDLER 1965, RE Supplementbd. 10 Sp. 953).

2.1.3.5 Die Oasenstädte des Südens

Südlich der Nementchaberge und der mitteltunesischen Hochflächen gab es nur in einigen wenigen Oasen städtische Siedlungen. Die bedeutendste dieser Städte war Capsa (Gafsa), die bereits in karthagischer und numidischer Zeit bestand und im Jugurthinischen Krieg zerstört wurde. Wieder aufgebaut wurde die *civitas* unter Trajan *municipium* und später, zu einem noch unbekannten Zeitpunkt *colonia*. Sie lag an der Hauptstraße von Theveste nach Tacapae und war ein wichtiger Straßenknotenpunkt infolge ihrer Lage in einem Durchlaß zwischen langgestreckten, W-E-ziehenden Gebirgsketten. Von hier führten auch Straßen in den Limesbereich und zu den großen Oasen am NW-Rande und südlich des Chott Djerid. Von den in diesem Oasengebiet liegenden Siedlungen hatte möglicherweise Thusuros (Tozeur) städtischen Charakter, doch ist darüber noch keine gesicherte Aussage möglich. Einige größere Siedlungen im Limesbereich, die z. T. die Rechtsstellung von Städten erhielten, werden später erwähnt werden.

2.2 Vici und mansiones

Innerhalb der Territorien der Städte oder auch größerer Domänenländereien gab es nicht-agrare Gruppensiedlungen, die als *vici* bezeichnet wurden, was am ehesten mit „Flecken" (bourg, bourgade der französischen Autoren) wiedergegeben werden kann. Ihre Bewohner, die *vicani*, verfügten über eine kommunale Selbstverwaltung. Diese Siedlungen sollen hier als *„vici im engeren Sinne"* bezeichnet werden. Sie bildeten zwischen den Städten einerseits und den ländlichen Siedlungen andererseits einen eigenen Siedlungstyp und damit auch ein besonderes Kulturlandschaftselement. Wegen ihrer Selbstverwaltung wurden diese Siedlungen auf der Karte N 15 mit der gleichen Signatur wie die Städte minderer Rechtsstellung dargestellt, wenn ihre Namen mit dem Zusatz *vicus* (oder *aquae*, s. u.) bekannt sind, und mit einiger Wahrscheinlichkeit anzunehmen ist, daß es sich nicht um ländliche Gruppensiedlungen handelte (s. u.). Bei den „nicht näher in ihrer Art und in ihrer Rechtsstellung bekannten größeren Siedlungen" der Karte N 15 dürfte es sich ebenfalls überwiegend um *vici* i. e. S., z. T. vielleicht auch um kleine Städte minderen Rechts gehandelt haben, worauf bei der Besprechung der Städte gelegentlich hingewiesen wurde.

Über den Siedlungstyp der *vici* i. e. S. in Nordafrika ist man noch sehr unvollkommen unterrichtet. Weder über ihre Physiognomie und ihre Funktionen, noch über ihre Häufigkeit und Verbreitung sind nähere Angaben zu machen. Sie besaßen, zumindest gelegentlich, einzelne oder einige öffentliche Bauten wie Tempel, Thermen und auch Theater, sowie Rasthäuser (*mansiones*) und mit diesen verbundene Pferdewechselstationen (*mutationes*) für den *cursus publicus*.

Petrikovits (1977) hat kürzlich für die Westprovinzen des römischen Reiches eine Übersicht über die Gestalt und die unterschiedlichen Funktionen dieser kleinen Gruppensiedlungen gegeben: sie waren u. a. Verkehrs- und Gewerbesiedlungen, entstanden bei Heiligtümern als Wallfahrtsorte oder an Heilquellen als Badeorte. In letzterem Falle war ihre Funktion durch den Zusatz Aquae zu ihrem Namen gekennzeichnet. Auch bei den Auxiliarkastellen der Limesgebiete entwickelten sich i. d. R. solche als *vici* bezeichneten nicht-agraren Gruppensiedlungen mit einer begrenzten Selbstverwaltung. Petrikovits (1977, S. 130) wies ferner darauf hin, daß in den Westprovinzen in diesen *vici* genannten Siedlungen keine Landwirtschaft treibenden Bevölkerungsgruppen wohnten. Die ländliche Siedlungsform war hier ausschließlich die Streusiedlung der *villae rusticae*.

Für den Bereich des Kartenblattes N 15 können für die *vici* i. e. S., außer für die Badeorte, differenziertere Unterscheidungen noch nicht getroffen werden, doch dürften bezüglich der Funktionen ähnliche Verhältnisse vorgelegen haben wie in den Westprovinzen. In Nordafrika gab es aber auch ländliche Gruppensiedlungen, die ebenfalls als *vici* (bourgade, village) bezeichnet wurden, aber wohl nicht über eine kommunale Selbstverwaltung verfügten wie die oben angeführten *vici* i. e. S..

Bezüglich der Verbreitung der *vici* i. e. S. scheint es so zu sein, daß sie in städtereichen Gebieten hier und dort noch zwischen die Städte eingestreut lagen, wie z. B. im nordöstlichen Hügelland Tunesiens zwischen den *municipia* Apisa Maius und Thignica der Vicus Haterianus und bei dem *municipium* Semta der Vicus Annaeus. Auch in Gebieten, in denen Städte selten waren, wie z. B. am Westrand des Olivenanbaugebietes von Hadrumetum, gab es solche *vici*, wie den Vicus Augusti, der u. a. ein Theater besaß. Desgleichen hat es südöstlich von Theveste solche kleinen Orte gegeben, wie der bereits erwähnte Henchir el Goussa, und in der Umgebung von Cirta scheint auch dieser Siedlungstyp vorgekommen zu sein.

Die in den Itinerarien erwähnten *mansiones,* Straßenstationen oder besser Rasthäuser, lagen in den dichter besiedelten Gebieten sicher überwiegend in größeren Siedlungen wie den vici oder in den Städten, im Limesbereich auch bei militärischen Stützpunkten. Gelegentlich, namentlich wohl in den dünner besiedelten Gebieten, haben sie wahrscheinlich einen eigenständigen Siedlungstyp gebildet, der i. d. R. wohl aus einem Komplex von Gebäuden bestand: der Herberge mit Badeeinrichtungen für die Reisenden, den Ställen für die Reit- und Zugtiere sowie weiteren Wirtschaftsbauten. Sie mögen auch gelegentlich Kristallisationspunkte für die Ansiedlung von Händlern und Handwerkern gewesen sein, jedoch sind nähere Angaben dazu mangels Ausgrabungen nicht möglich.

2.3 Die ländlichen Siedlungen

2.3.1 Vorbemerkungen

Während Städte, Flecken und Rasthäuser nur lokal, wenn auch gelegentlich in bemerkenswerter Dichte das Bild der Kulturlandschaft bestimmten, waren die ländlichen Siedlungen in den für Ackerbau und Baumkulturen klimatisch, unter Umständen noch mit Hilfe besonderer Kulturmaßnahmen geeigneten Gebieten neben den Fluren und Baumhainen infolge ihrer Zahl auch flächenhaft für die römerzeitliche Kulturlandschaft bedeutsam. Es handelt sich bei ihnen einmal um in Streulage angeordnete Einzelsiedlungen, die *villae rusticae,* von denen die größeren in ihrer wirtschaftlichen Struktur mit Gutshöfen, die kleineren mit Bauernhöfen zu vergleichen sind, womit aber keine Aussage über die Besitzstruktur gemacht werden soll. Z. T. waren die Einzelsiedlungen auch Landsitze reicher Städter und/oder Großgrundbesitzer ohne agrarwirtschaftliche Funktionen, sogenannte *villae urbanae.* Neben den Einzelsiedlungen gab es andererseits in großer Zahl weiler- oder auch dorfartige Gruppensiedlungen („*vici* im weiteren Sinne") von landwirtschaftlichen Betrieben oder auch von auf den Großbetrieben ständig beschäftigten Landarbeitern, da das Domänenland nicht vollständig in kleine Pachtbetriebe mit bäuerlicher Wirtschaftsstruktur aufgeteilt war, sondern ein Teil als Großbetrieb bewirtschaftet wurde. Schließlich sind die mehr oder weniger saisonal bestehenden Hüttensiedlungen der aus Rohr oder Stroh erstellten *mapalia* zu nennen, in denen die sich als Saisonarbeiter zur Ernte verdingenden Nomaden hausten. Man kennt sie von ihrer Darstellung auf Mosaiken her, Siedlungsspuren haben sie nicht hinterlassen. Eine spezielle Form der ländlichen Siedlungen waren die „Wehrsiedlungen" der *limitanei* im Limesbereich, auf die bei der Besprechung desselben noch etwas eingehender hingewiesen werden wird.

In den bereits in karthagischer und numidischer Zeit intensiver landwirtschaftlich entwickelten Gebieten namentlich des nordöstlichen Tunesiens waren agrare Gruppensiedlungen — oft in Schutzlage oder befestigt (*castella*) — anscheinend die einzige oder doch vorherrschende Siedlungsform, die auch in römischer Zeit weiterbestand. Zu ihr kam in römischer Zeit, z. T. einhergehend mit der Landvermessung (Centuriation) die Streusiedlung der Einzelhöfe (*villae rusticae*). TROUSSET (1977, S. 203) wies darauf hin, daß im

Gebiet zwischen Thysdrus und der Küste, im Raum von Bararus, die Gruppensiedlungen (petites bourgades) vom (2.—) 1. Jh. v. Chr. bis in die früharabische Zeit bestanden, während sich die Einzelhöfe in das Schema der Centuriation einpassen, beginnend mit dem 2. Jh. n. Chr. und sich bis in das 4. Jh. fortsetzend, bei langer Kontinuität der Siedlungsstellen.

Die Reste der ländlichen Siedlungen sind regional sehr ungleichmäßig und unterschiedlich erhalten. In manchen seit dem Altertum kontinuierlich oder seit der französischen Kolonisation wieder intensiv landwirtschaftlich genutzten Gebieten des Nordens und Ostens sind keine oder nur geringe Spuren von Bauresten oberirdisch erhalten geblieben, und nur eine Streu von Ziegelbruchstücken, Mörtelresten und römischer Keramik verrät heute das ehemalige Bestehen einer Siedlung. In anderen Gebieten, die namentlich seit dem Einfall der Beni Hilal bis jetzt oder doch bis vor kurzem nur als Weidegebiete genutzt wurden, sind von diesen Siedlungen auch über dem Boden aufragende Baureste vorhanden. Leider werden diese mit der neuerlichen Kultivierung der Steppengebiete vielfach von der Bevölkerung als Steinbrüche benutzt, indem nicht nur die über dem Boden befindlichen Reste abgetragen, sondern auch die im Boden steckenden Bauteile herausgerissen werden. Auf diese Weise verschwinden sowohl in Tunesien wie in Ostalgerien auch in den südlichen Landesteilen immer mehr die Reste der römischen ländlichen Siedlungen, ohne daß es — schon wegen ihrer immer noch großen Zahl und wegen anderer, durchaus dringender archäologischer Aufgaben — möglich ist, sie vor ihrer Zerstörung wissenschaftlich zu untersuchen, oder doch mindestens bei ihrer Abtragung systematisch auf datierende Fundstücke zu achten, um wenigstens einen Anhalt für ihre Besiedlungszeit zu erhalten.

Dabei wäre es von größtem Interesse, in einer ausgewählten Anzahl dieser relativ ungestörten Siedlungsplätze stärker als es bisher möglich war Ausgrabungen vorzunehmen, um aus verschiedenen Gebieten Näheres über ihre Siedlungsgeschichte zu erfahren, wenn auch die allgemeinen Grundzüge des Verlaufes der römerzeitlichen Besiedlung, die etwa zu der Ausdehnung der römischen Okkupation Afrikas seit Caesar parallel vor sich ging, bekannt sind. Daß auch eine systematische Luftbildauswertung verbunden mit der Bearbeitung der noch im Gelände auffindbaren Siedlungsspuren zu neuen oder vertieften Erkenntnissen führen können, zeigen — für ganz unterschiedliche Gebiete — die Arbeiten von LEVEAU (1975 a), PEYRAS (1976), SOYER (1973, 1976) und TROUSSET (1977), die aber in ihrer Art noch vereinzelt sind.

Nach dem bisher vorliegenden Material ist es noch nicht möglich, die Verteilung der unterschiedlichen ländlichen Siedlungsformen für das Gebiet des Kartenblattes N 15 detailliert zu bearbeiten. Auch eine kartographische Darstellung des zeitlichen Ablaufs der römischen Besiedlung bzw. der Seßhaftmachung der nomadischen Bevölkerung, die um die Wende vom 3. zum 4. Jh. (im wesentlichen) abgeschlossen gewesen sein dürften, ist nicht durchführbar. Um die ländliche Besiedlung überhaupt auf einer thematischen Karte darzustellen, blieb nur die Möglichkeit, zu versuchen, die Dichte der gesamten ländlichen Siedlungen, einschließlich der *villae urbanae,* zu erfassen. Aber auch dieser Versuch hat von vornherein eine sehr große Schwäche. Nur in seltenen Fällen sind die Dauer des Bestehens und die Geschichte einer Siedlung genau bekannt, wobei letztere deshalb von Bedeutung ist, weil durchaus gelegentlich auch mit einem nur vorübergehenden, partiellen oder totalen Wüstfallen einer Siedlung gerechnet werden muß. Die hier anstehende Frage, ob alle bekannten ländlichen Siedlungsplätze um die Wende vom 3. zum 4. Jh. gleichzeitig bestanden, ist aus den genannten Gründen also auch nicht zu beantworten.

Als Arbeitshypothese wird deshalb hier angenommen, daß die Zahl der auf den ausgewerteten Karten angegebenen ländlichen Wüstungen der Anzahl der um 300 n. Chr. vorhandenen Siedlungsplätze entspricht. Die Begründung für diese Arbeitshypothese gaben die folgenden Überlegungen. Wie LEVEAU (1975 a, S. 11—14) und auch PEYRAS (1976, S. 182) feststellen konnten, sind auf den topographischen Karten und in den archäologischen Atlanten keineswegs alle auch heute noch durch Luftbilder oder Geländebegehungen nachweisbaren Wüstungen erfaßt. Die eigenen Beobachtungen im Gelände ergaben ebenfalls, selbst ohne systematische Suche, bisher nicht vermerkte römische Siedlungsplätze. Auch durch zufällige Entdeckungen werden immer wieder neue Wüstungsstellen bekannt. Da die Eintragungen der „ruines romaines" auf den Karten nicht auf einer systematischen archäologischen Landesaufnahme beruhen, ist dies auch nicht anders zu erwarten. So bedeutet die Zahl der auf den Karten verzeichneten Wüstungen nur einen gewissen, wenn auch vermutlich relativ hohen Prozentsatz der Gesamtzahl aller tatsächlich jemals vorhandenen römerzeitlichen ländlichen Siedlungen. Ferner waren vermutlich nicht alle der erfaßten Wüstungen um 300 n. Chr. besiedelt, doch ist andererseits anzunehmen, daß die Wüstungen mancher um 300 n. Chr. bestehender Siedlungen noch nicht bekannt geworden sind, so daß es vielleicht erlaubt ist anzunehmen, daß die Fehler sich etwas ausgleichen.

Auch TROUSSETS (1977, S. 203—204) Ausführungen über die Entwicklung der Kulturlandschaft und die lange Kontinuität sowohl der ländlichen Gruppensiedlungen wie der kleinen Einzelhöfe im Raum zwischen Thysdrus und der Ostküste stützt in gewissem Maße die obige Arbeitshypothese ebenso wie der Hinweis von DESPOIS (1955, S. 107) — der übrigens bezweifelt (S. 114), daß all die auf den Karten eingetragenen „ruines romaines" sich wirklich auf römerzeitliche Reste beziehen —, daß die Ausdehnung der Olivenkulturen sich bis in das 4. Jh. fortsetzte. Und in Gebieten, in denen es infolge politischer Wirren nach 238 n. Chr. zu lokalen Wüstungserscheinungen gekommen sein mag, die aber möglicherweise nur partielle Orts- und/oder Flurwüstungen waren, sind vor dem Ende des 3. Jh. die Schäden zumindest teilweise wieder behoben worden, wie PEYRAS (1976, S. 205) es für den fundus Aufidianus (südlich Matera) nachwies. Es ist aber anzunehmen, daß solche Wiederinkulturnahme vernachlässigter landwirtschaftlicher Flächen und Betriebe, und zu diesen gehören ja auch die ländlichen Siedlungen, eher die Regel als die Ausnahme war. Dafür spricht auch, daß das Städtewesen, dessen Bestehen im wesentlichen durch eine intensive landwirtschaftliche Produktion ermöglicht wurde, um 300 n. Chr. durchaus noch blühte, auch wenn eine gewisse Abnahme des Wohlstandes der Bürger im Verlaufe des 3. Jh. hie und da eingetreten war.

2.3.2 Die Dichte der ländlichen Siedlungen

Für die Karte N 15 wurde an Hand der auf den topographischen Karten usw. angegebenen römischen Siedlungsreste (RR) die durchschnittliche Siedlungsdichte gemäß der oben erwähnten Arbeitshypothese ermittelt. Hierbei wurden deckend — jedoch unter Berücksichtigung unbesiedelbarer Flächen, wie namentlich der Sebkhen sowie einzelner steiler und unbewohnbarer Gebirgsstöcke — für Quadrate mit 10 km Seitenlänge, also für Flächen von jeweils 100 km², die Siedlungsstellen ausgezählt. Nach den sich ergebenden Werten wurde eine Skala gewählt, die folgende Dichten pro 100 km² enthält: ≤ 5, $> 5—10$, $> 10—20$, $> 20—30$, $> 30—40$, > 40 Siedlungen. Die Anordnung der Dichtewerte ließ diese Abstufung als sinnvoll und zweckmäßig erscheinen.

Die Auszählung ergab nun eine Anzahl von recht geschlossenen Regionen gleicher Siedlungsdichte, in die gelegentlich lokal kleine Gebiete mit anderer Dichte eingestreut waren. Hierbei stellt sich die Frage, ob und wieweit diese kleinen Areale mit größerer oder geringerer Dichte den Tatsachen entsprechen. Geben sie die wirklichen Verhältnisse wieder, oder sind sie einerseits auf ausnahmsweise gute Erhaltung der Siedlungsspuren, eventuell auch auf genauere Beobachtung zurückzuführen, oder beruhen sie andererseits vielleicht auf Beobachtungslücken? Diese Frage ist nicht generell zu beantworten, da, wie gesagt, keine systematische archäologische Landesaufnahme den Eintragungen der „ruines romaines" zu Grunde liegt. Nur neue detaillierte Arbeiten, in der Art wie sie neuerdings vereinzelt vorliegen, werden diese Fragen beantworten können. Hier ist es nur möglich, die Angaben auf den Karten zu übernehmen.

Die dichteste in größeren Gebieten auftretende Besiedlung betrug $> 30—40$ ländliche Siedlungen pro 100 km². In zusammenhängender Verbreitung fand sie sich im nordöstlichen Hügelland und auf der Halbinsel Cap Bon, also rund um den Golf von Tunis, reichte aber nicht bis Hippo Diarrhytus und an die Nordküste. Von dieser Kernzone setzte sie sich nach SW in einem 20—30 km breiten Streifen gleicher Dichte bis südwestlich Mactaris fort. Auch nach S längs der Ostküste war das Tiefland des Sahel bis durchschnittlich 25 km landein so dicht besiedelt. Diese Zone endete etwa in der Breite von Thaenae. In sie waren lokal kleinere Gebiete eingestreut, wie um Thuburbo Maius, nördlich Mactaris, westlich Uppena und um Hadrumetum, die über 40 Siedlungsplätze pro 100 km² aufwiesen.

Die nächste Dichtestufe, $> 20—30$, schloß sich an sie nach W bzw. SW an und lag beiderseits der sich südwestwärts erstreckenden Dichtezone $> 30—40$. Sie umfaßte das südwestliche Vorland des Tunesischen Rückens und die Hochflächen von Sufes — Sufetula —Cillium — Thelepte mit einem Ausläufer nach Theveste, mit Inseln stärkerer Dichte um diese Städte, sowie die Hügel- und Bergländer um den mittleren Medjerda und die mittlere Medjerdaebene. Auch in dieser Zone lagen einzelne Gebiete mit größerer Dichte, und zwar um die Städte Thuburnica, Thugga, Thignica und Sicca Veneria. Größere Enklaven geringerer Siedlungsdichte, $> 10—20$, waren im Bereich des nordöstlichen und des südwestlichen Tunesischen Rückens, wo auch Städte fehlten oder selten waren, und in einem Teil der Hochflächen nordwestlich des Rückens vorhanden.

Im Westen war eine hohe Siedlungsdichte, $> 20—30$, z. T. auch $> 30—40$, nur im Bergland von Constantine vertreten, und zwar in einem Streifen, der von westlich Milev über Cirta bis Calama verlief, sowie in dem Raum um Thubursicum Numidarum. Eine Dichte $> 10—20$ hatte dann namentlich der südlich an diese Zone anschließende Teil des Berglandes von Constantine und das östliche Hochland der Chotts. Auch zwischen Theveste und Ad Palmam (Bir el Ater) befand sich ein nach S ausgreifendes Gebiet mit gleicher Dichte, und schließlich wies der Raum zwischen Thelepte und Cillium im N und Capsa im

S noch eine Dichte von > 10—20 auf. Lokal fanden sich nördlich Lambaesis — Thamu-gadi bis zu 30 Siedlungen pro 100 km², während andererseits in Teilen des Hochlandes der Chotts, etwa südlich Gadiaufala und Madauros, die Dichte niedriger, nämlich bei nur > 5—10 lag.

Eine geringe Siedlungsdichte von > 5—10 wies der ganze Bereich des Küstentell auf, wobei diese siedlungsarme Zone im W breiter ausgebildet war als im E. Nur die kleinen Küstenebenen südlich Hippo Regius und Thabraca waren dichter besiedelt (> 20—30, bzw. < 40). Das Hinterland von Hippo Diarrhytus hatte eine Dichte von > 10—20. Es fragt sich aber, ob es in den heute zu einem erheblichen Teil unter Wald oder Macchie lie-genden Gebieten des Küstentell, wie z. B. in der Kabylei von Collo oder dem Kroumirge-birge, nicht doch eine etwas größere Dichte ländlicher Siedlungen der weniger stark romanisierten Gebirgsbevölkerung gab, und mangels substantiellerer Baureste eine gewisse Anzahl von Siedlungsplätzen bisher nur nicht bekannt wurde.

Dünn besiedelt (> 5—10 und z. T. darunter) waren anscheinend, nach der bisherigen Kenntnis der römerzeitlichen Siedlungsstellen, das Aurèsgebirge und die Nementcha-berge. Allerdings gilt dies wahrscheinlich nur für die Besiedlung mit *villae rusticae*, die jedoch möglicherweise im Gebiet der Nementchaberge auf den Kartenunterlagen erst unvollständig erfaßt sind, wie einige Geländekontrollen wahrscheinlich machen. Wieweit und in welcher Dichte im Aurès wenig oder gar nicht romanisierte Siedlungen der einhei-mischen Bevölkerung bestanden, läßt sich noch nicht sagen. Es ist aber wahrscheinlich, daß hier in einer gebirgigen „Naturfestung", die zudem gegenüber den sie umgebenden Steppen klimatisch begünstigt ist, bereits in römischer Zeit eine verhältnismäßig zahlreiche Bevölkerung lebte. Südlich dieser Gebirge, im Bereich des Limes, war dann in einem unterschiedlich breiten Saum gegen die Wüstensteppen nur noch eine Dichte von deutlich weniger als 5 vorhanden.

Im Osten waren für die Insel Djerba nach der angewandten Methode keine Dichtezah-len zu ermitteln, da auf den Karten Angaben über ruines romaines (RR) fehlten. Vielleicht wurde die gesamte Insel von den auf ihr liegenden vier städtischen Siedlungen aus bewirt-schaftet, wahrscheinlicher aber ist es, daß die Spuren ländlicher römischer Siedlungen infolge der stets intensiven Besiedlung und Bewirtschaftung der Insel so stark zerstört worden sind, daß sie noch nicht festgestellt wurden. Auf der Karte N 15 wurde eine Dichte angenommen, die der überwiegend vertretenen Dichte auf dem umliegenden Fest-land entspricht, und zwar wegen der ähnlichen physisch-geographischen Ausstattung, doch sei dieser Kompromiß in der Darstellung ausdrücklich als solcher erwähnt.

Die weiten Steppengebiete westlich des Golfes von Gabès hatten eine Dichte von > 5—10, und im Süden des Golfes, im Bereich des Djeffara, wies eine 30—35 km von der Küste landeinwärts reichende Zone sogar eine Dichte von > 10—20 auf, die sich an der Küste lokal bis auf > 30—40 steigerte. Weiter ins Innere nahm die Dichte dann aber rasch gegen die innere Djeffara ab und lag am Fuße der südtunesischen Schichtstufe bei > 5—10, auf derselben unter 5.

So dünnte die Siedlungsdichte im W wie im E des Limesgebietes, nach den bisherigen Unterlagen zu urteilen, auf weniger als 5 aus, wobei jedoch möglicherweise südlich des Aurès, wo im Gebirgsvorland Anbau mit künstlicher Bewässerung anscheinend etwas großflächiger betrieben wurde (ACHENBACH 1973, Fig. 1, S. 163), lokal eine dichtere

Besiedlung vorhanden war. Im südöstlichen Limesbereich auf der Westabdachung des Dahar gegen den östlichen Erg dagegen war die Siedlungsdichte wahrscheinlich überall sehr gering, z. T. vermutlich unter 1 pro 100 km². Diese oft weit gestreut liegenden ländlichen Siedlungen waren i. d. R. befestigte Farmen von „Wehrbauern" (*limitanei*), die wohl seit dem Beginn des 3. Jh. bis in das 4. Jh. entstanden (TROUSSET 1974, S. 155), oder größere und kleinere Gruppensiedlungen, oft in der Nachbarschaft von Militärstationen gelegen.

Aus dem Gesagten ergibt sich, daß die Festlegung der Grenze des Dauersiedlungslandes gegen die Wüstensteppe schwierig ist, zumal eine intensivere Erforschung der ländlichen Siedlungen im Limesbereich noch weithin fehlt. Auf der Karte N 15 wurde daher im westlichen wie im östlichen Limesgebiet etwa dem Verlauf der äußersten militärischen Stützpunkte gefolgt, wobei einige derselben, die als vorgeschobene Sicherungs- oder Beobachtungsposten angesehen werden können (z. B. Rhidma: TROUSSET 1974, S. 49), außerhalb der Grenze des Gebietes mit ländlichen Dauersiedlungen verblieben. Es bleibt natürlich durchaus offen, ob diese Grenze, zumindest streckenweise im Bereich des Limes Tripolitanus, nicht besser 10 oder 20 km weiter östlich gezogen worden wäre. Auch wurde davon abgesehen, die Grenze der Zone mit romanisierten ländlichen Siedlungen schmal und zungenförmig in das südwestliche Nefzauagebiet gegen Rhidma ausgreifend zu zeichnen, da die in dem genannten Gebiet bisher vorhandenen Hinweise der Bodenfunde dazu zu unsicher erschienen.

2.4 Die Siedlungen und Anlagen des engeren Limesbereiches

2.4.1 Vorbemerkungen

Als „engerer Limesbereich" kann auf dem Kartenblatt N 15 zu der für die Darstellung gewählten Zeit das Gebiet angesehen werden, das sich zwischen den Südabfällen des Aurès, der Nementchaberge sowie, nach Süden versetzt, der Gebirgszüge vom Djebel Madjour (bei Ad Maiores) im W bis zum Djebel ez Zerf (nordwestlich Thiges) im E und, nochmals nach S verschoben, längs des Südabfalls der nördlich vom Chott Djerid und Chott el Fedjadj verlaufenden Bergzüge zwischen Djebel Morra, Djebel el Asker und Djebel Hadifa einerseits und den Nordrändern der Chotts Melrhir, el Rharsa, Djerid und el Fedjadj andererseits in unterschiedlicher, 40—60 km betragender Breite erstreckte. Im E allerdings reichte dieses Limesgebiet bis südlich des Chott Djerid und des Chott el Fedjadj, wo Turris Tamalleni, das Oasengebiet von Nefzaoua und das nördliche Vorland des Djebel Tebaga noch ihm zuzuzählen sind. Es hatte eine W-E-Erstreckung von über 300 km und war der östliche Abschnitt des Limes Numidiens seit dem Anfang des 2. Jh. n. Chr. (EUZENNAT 1972, S. 27). Nach den Angaben der Notitia Dignitatum unterstand dieser Limes in spätrömischer Zeit (um 400 n. Chr.) dem *comes limitis Africae* (CAGNAT 1913, S. 718 und 751) und war im Bereich der Karte N 15 in drei Abschnitte gegliedert. Diese waren von W nach E die *limites* Bazensis, Montensis und Thamallensis, die jeder von einem höheren Offizier, einem *praepositus,* mit Kommandositz in Badias (Badès), Aggarsel Nepte (Nefta) und Turris Tamalleni (Telmine) befehligt wurden (BARADEZ 1949, S. 136—137).

Südlich von Turris Tamalleni verlief der „engere Limesbereich" zunächst in NW-SE-, dann in N-S-Richtung, ebenfalls in wechselnder Breite von ca. 25—70 km, im Blattbereich etwa 250 km lang. Er umfaßte südlich des Djebel Tebaga die Durchgangszone zwischen diesem Gebirgszug und dem Djebel Melab, dem nordwestlichen Ausläufer des Matmataberglandes, sowie im Gebiet von Bezereos (Bir Rhezen) im wesentlichen die Westabdachung des Matmataberglandes bis zum Ostrand des Erg. Weiter nach S, im Abschnitt von Talalati (Ras el Ain) und Tillibari (Remada) gehörte jedoch das ganze Gebiet des südtunesischen Stufenlandes von seinem Ostfuß bis zu seinem Untertauchen unter die Sandmassen des Großen Östlichen Erg im W zum „engeren Limesbereich". Dieser war hier Teil des limes Tripolitanus und unterstand in der römischen Spätzeit laut Notitia Dignitatum dem *dux provinciae Tripolitanae*. Der im Blattbereich N 15 liegende Teil des limes Tripolitanus war in drei, von *praepositi* befehligte Abschnitte gegliedert, die *limites* Bezerentanus, Talalatensis und Tillibarensis mit den Kommandostellen in Bezereos, Talalati und Tillibari (Trousset 1974, S. 131 und Fig. 38).

Ob die aus der Notitia Dignitatum für die Zeit um 428 n. Chr. zu entnehmende Gliederung des Limesbereiches schon um 300 n. Chr. gültig war, ist nicht mit Sicherheit zu sagen, da — ganz allgemein — das Alter der Quellen der Notitia für deren einzelne Teile wohl unterschiedlich war und z. T. noch nicht sicher feststellbar ist. Es ist durchaus möglich, daß in Afrika diese Limesgliederung im großen und ganzen bereits zu der Zeit der Verwaltungs- und Heeresreform Diokletians erfolgte, und Baradez (1949, S. 137) schloß sich Leschis Ansicht „en 303, l'organisation du limites existe", an. Auch Euzennat (1972, S. 19) vertritt für den limes Tripolitanus diese Ansicht. Für diese Annahme spricht neben den Erwägungen der genannten Autoren auch, daß die in der Notitia genannten Standorte der *praepositi* anscheinend alle um 300 n. Chr., und z. T. lange vorher, als wichtige Garnisonsplätze oder größere Siedlungen bestanden, wenn auch die in ihnen stationierten Einheiten andere als in der römischen Spätzeit waren, und die Offiziere im 2. und 3. Jh. andere Dienstbezeichnungen und Ränge hatten als am Anfang des 5. Jh. n. Chr.

Da für die Siedlungen — jeglicher Art — des „engeren Limesbereiches" (im Bereich der Karte) nur in einigen Fällen ältere Ausgrabungen vorliegen, und keine der militärischen oder anderen Siedlungen durch ausgedehntere Grabungen mit modernen Methoden untersucht worden ist, beruhen die bisherigen Kenntnisse vornehmlich auf der Aufnahme der oberflächlich sichtbaren Reste, auf Inschriftenfunden, der Aufsammlung von Scherben und anderen Kleinfunden sowie auf Luftaufnahmen. So ist trotz der wichtigen Arbeit von Trousset (1974) über den limes Tripolitanus und des Werkes von Baradez (1949) über den numidischen Limes eine ins einzelne gehende Darstellung der Siedlungs- und Militärgeschichte des ganzen Limesgebietes noch nicht möglich. Auch kann man bisher nicht mit Sicherheit für einen gegebenen Zeitpunkt die Verteilung der militärischen und *limitanei*-Siedlungen (s. u.) und der anderen Anlagen angeben.

Es wurde daher auf eine detailliertere Darstellung auf der Karte N 15 verzichtet und bei den Signaturen nur zwischen „größeren und kleineren befestigten Plätzen des Limesgebietes" unterschieden.

Die Signaturen für die militärischen Siedlungen wurden nicht allein nach der Größe derselben, sondern, soweit möglich, auch nach ihrer funktionalen Bedeutung gewählt. Größe und Bedeutung entsprachen sich zwar i. d. R., aber nicht stets, von den vereinzelten

Fällen, wie z. B. Aggarsel Nepte abgesehen, in denen die militärischen Anlagen, z. T. wahrscheinlich infolge Überbauung noch gar nicht lokalisiert werden konnten. So erhielten alle Plätze, für die die Notitia Dignitatum einen *praepositus limitis*, also eine obere Kommandostelle nennt, die Signatur eines „größeren befestigten Platzes“. Dieselbe Signatur wurde für jene Militärsiedlungen im Bereich des numidischen Limes verwendet, für die BARADEZ (1949, S. 145—148) aus m. E. wohlbegründeten militärgeographischen Erwägungen weitere wichtige, mittlere Kommandostellen annahm. Djenndel wurde, die Auffassung von BARADEZ ergänzend, ebenfalls dieser Gruppe zugerechnet, da seine Lage weitgehend der von Mdila oder Thiges entsprach. Die Kleinkastelle, *centenaria, burgi* und Wachttürme wurden mit der Signatur der „kleineren befestigten Plätze“ eingetragen.

Auf der thematischen Karte N 15 konnten aber bei weitem nicht alle bekannt gewordenen Vertreter der „kleineren befestigten Plätze“ eingetragen werden, und es wurde daher versucht, die charakteristischen Züge ihrer bisher bekannt gewordenen Verteilung darzustellen.

Wenn von einem „engeren Limesbereich“ gesprochen wird, ergibt sich sofort die Frage nach dem „weiteren Limesbereich“, den man auch als „unmittelbares Limeshinterland“ bezeichnen könnte, und der das Gebiet nördlich bzw. östlich der oben als „engeren Limesbereich“ abgegrenzten Zone umfaßte. Über militärische Siedlungen und Anlagen in diesem Gebiet sind die bisherigen Kenntnisse aber noch so unvollkommen, daß auf der Karte N 15 davon Abstand genommen wurde, diese vereinzelt bekannt gewordenen Plätze, die möglicherweise um 300 n. Chr. bestanden, einzutragen, wie z. B. das von BARADEZ (1949, S. 288) entdeckte, aber noch nicht näher untersuchte *castellum* von Kikouina im südlichen Aurès, ca. 20 km nordöstlich von Thabudeos (Thouda). Auch das, um 300 n. Chr. im Limeshinterland liegende Legionskastell Lambaesis erhielt keine gesonderte Signatur, zumal die Frage seiner militärischen Bedeutung zu der auf der Karte dargestellten Zeit nicht genügend geklärt ist (vergl. *S. 31—32*), und es in späterer Zeit in einem völlig befriedeten, der Zivilverwaltung unterstehenden Gebiet lag.

2.4.2 Die militärischen Siedlungen

Die militärischen Siedlungen: Legions- und Auxiliarkastelle, Kleinkastelle, *burgi* und Wachttürme dienten der dauernden oder zeitweisen geschützten Unterbringung der Truppen. Die in ihnen stationierten Einheiten oder Kommandos hatten die Aufgabe, die im Limesbereich und im Hinterland lebende und wirtschaftende Bevölkerung vor feindlichen Einfällen zu schützen, oder auch unzuverlässige Bevölkerungsgruppen, wie z. B. im Falle der afrikanischen *limites* die Nomaden, an den Grenzen oder gelegentlich innerhalb der Provinzen zu überwachen. Diese Aufgaben bestimmten im Einzelfall Art, Stärke und Verteilung der Truppeneinheiten, wie Alen, Kohorten und Numeri, und diese wiederum die Größe und Anlage der einzelnen militärischen Siedlungen. Die militärische Planung war aber auch von Bedeutung für die Wahl der geographischen und topographischen Lage solch einer Garnisonssiedlung.

Solche rein militärischen Zwecken dienenden Siedlungen traten in allen Grenzprovinzen des Römischen Reiches mit dem jeweiligen Beginn der Okkupation in ähnlicher Form auf. Sie wechselten mit der fortschreitenden Eroberung des Landes und der Unterwerfung

bzw. Befriedung der Bevölkerung ihren Standort, wie dies z. B. aus der mehrfachen Vorverlegung des Standlagers der legio III Augusta von Ammaedara nach Theveste
und von dort nach Lambaesis (vergl. *S. 32*) deutlich wird. An den Reichsgrenzen
kam dieser Vorgang zum Stillstand, und wo diese Landgrenzen waren, entstanden dann in
der Kaiserzeit *limites,* die sich von einer zunächst oft linearen Ausdehnung von Stützpunkten, etwa längs einer militärisch wichtigen Straßenverbindung im Grenzbereich, zu einer
breiten Zone unterschiedlicher Tiefe entwickelten, die durch militärische Siedlungen,
Straßen und häufig auch durchgehend oder streckenweise angelegte Gräben mit Wällen
oder Mauern gesichert war.

Die um 300 n. Chr. bestehenden militärischen Siedlungen des engeren Limesbereiches
waren von sehr unterschiedlicher Größe und zu verschiedenen Zeiten entstanden. Sie hatten z. T. während ihres Bestehens bauliche Veränderungen oder Erneuerungen erfahren,
über die aber nur in Ausnahmefällen etwas genauere Angaben auf Grund von Inschriftenfunden möglich sind.

Einige von ihnen waren im Zuge der südwestwärts gerichteten Vorverlegung der Provinzgrenzen um die Wende vom 1. zum 2. Jh. n. Chr. erbaute Auxiliarkastelle (camps oder
castra der französischen Autoren). Unter Nerva ist als militärischer Stützpunkt Thiges
für 97 n. Chr. inschriftlich bezeugt, ohne daß bisher seine genaue Lage und Art bekannt ist
(EUZENNAT 1973, S. 239). Wenige Jahre später wurden unter Trajan die Auxiliarkastelle
Ad Maiores (Henchir Besseriani) 105 n. Chr. 1,7 ha groß (TROUSSET 1974, S. 144
Fußn. 5) und wahrscheinlich Badias sowie das halbwegs zwischen beiden liegende Klein-
kastell (ca. 0,28 ha, castellum der französischen Autoren) Ad Medias gegründet. Die
drei genannten Plätze lagen längs der Straße, die südlich der Nementchaberge und des
Aurèsgebirges nach W über Thabudeos nach Vescera (Biskra), beides ebenfalls wich-
tige militärische Stützpunkte, führte. Welchen Alters die militärischen Siedlungen Ad
Turres (Tamerza), Mdila und Djenndel waren, ist nicht bekannt. Mdila war der
Größe (1,15 ha) nach ein Kohorten- oder Alenkastell, Djenndel (ca. 0,12 ha) ein Kleinkastell (BARADEZ 1949, S. 128).

Da in trajanischer Zeit auch eine Straßenverbindung von Capsa nach Turris Tamalleni angelegt wurde, mit Tacapae war dieser Ort über Aquae Tacapitanae (El Hamma)
bereits zur Zeit Domitians verbunden (EUZENNAT 1972, S. 18), und das in diesem Raum
liegende Stammesgebiet der Nybgenii vermessen und abgegrenzt wurde (GASCOU 1972,
S. 43), dürfte damals auch in Turris Tamalleni ein bedeutenderer militärischer Stützpunkt
angelegt worden sein (so, BROUGHTON folgend, GASCOU 1972, S. 135). Der Platz war ferner Hauptort der *civitas Nybgeniorum* und erhielt unter Hadrian die Rechtsstellung eines
municipium (GASCOU 1972, S. 134).

Unter Hadrian erfolgte wahrscheinlich auch eine Erweiterung des Limes nach S. Nach
TROUSSET (1974, S. 118) sprechen gewichtige Anzeichen dafür, daß das fast 2 ha große
Kastell Tillibari (Remada; auf der Karte N 15 wurde infolge eines Versehens der heu-
tige statt des römischen Namens angegeben), das lange Zeit Standort der cohors II Flavia
Afrorum und wahrscheinlich eines Numerus war, bereits unter Hadrian gegründet wor-
den ist.

Diese Datierung wirft allerdings, betrachtet man den ganzen auf dem Kartenblatt N 15
erfaßten Abschnitt des limes Tripolitanus, ein Problem auf. Tillibari liegt etwa 250 Stra-

ßenkilometer (ca. 210 km Luftlinie) von Turris Tamalleni entfernt. Für die dazwischen liegenden militärischen Siedlungen: das Kleinkastell (ca. 0,33 ha) Bezereos, das Kastell Talalati der cohors VIII Fida (ca. 0,87 ha) und das Kleinkastell (ca. 0,4 ha) Henchir Medeina, die alle um 300 n. Chr. bestanden, sind nach den bisherigen, auf Inschriftenfunden beruhenden Kenntnissen, die Gründungsdaten erheblich später. Bezereos wurde Ende des 2. Jh. n. Chr. unter Commodus (TROUSSET 1974, S, 76), Talalati 263 n. Chr. unter Gallienus (EUZENNAT 1972, S. 18) erbaut, während für Medeina kein Datierungshinweis vorhanden ist, wenn man von einem Streufund, einem in das 2. Jh. zu datierenden Lampenfragment (TROUSSET 1974, S. 110), absieht. Es stellt sich somit die Frage, ob tatsächlich Tillibari als isolierter Stützpunkt des Limes bereits in hadrianischer Zeit entstand, oder ob doch vielleicht zwischen Turris Tamalleni und Tillibari schon unter Hadrian weitere militärische Stützpunkte vorhanden waren, und die Inschriftenfunde von Bezereos und Talalati, wo das Innere der Kastelle übrigens nicht ausgegraben wurde, sich nicht auf spätere Neugründungen beziehen, und hadrianisch zu datierende Anlagen darunter oder auch in der Nachbarschaft noch unentdeckt liegen.

Bei den westlich der Linie Turris Tamalleni — Bezereos — Talalati — Tillibari gegen den Erg vorgeschobenen militärischen Siedlungen, die z. T. außerhalb des ständig besiedelten Gebietes lagen, wie Ksar Tabria, Tisavar (Ksar Rhilane) und Si Aoun, ist das Gründungsalter ebenfalls unterschiedlich. Während das Kleinkastell (0,12 ha) Tisavar (versehentlich wurde statt des römischen der arabische Ortsname eingetragen) unter Commodus zwischen 184 und 187 n. Chr. (TROUSSET 1974, S. 149) und das praesidium Si Aoun, das die Größe eines burgus hatte, 198 n. Chr. laut Inschriften erbaut wurden (TROUSSET 1974, S. 94 bzw. 120), datiert das Kleinkastell Ksar Tabria (0,36 ha) nach seinem Bautyp wahrscheinlich erst aus konstantinischer Zeit (TROUSSET 1974, S. 74).

Die genauere Datierung der in der Durchgangslandschaft zwischen dem Djebel Tebaga und den nördlichen und nordwestlichen Ausläufern des Matmataberglandes liegenden Kleinkastelle ist mangels Inschriftenfunden und neueren, systematischen Ausgrabungen noch nicht möglich. Nach den Bautypen und den Scherbenfunden dürften sie vereinzelt im 3. Jh., vorwiegend erst im 4. Jh. erbaut worden sein (TROUSSET 1974, S. 135). Noch weniger Aussagen können über die am numidischen Limes (im Blattbereich) vorhandenen Kleinkastelle gemacht werden, auf die BARADEZ (1949) und EUZENNAT (1972) hinwiesen. Bei ihnen fehlen selbst intensivere Beobachtungen der Bauformen und der Scherbenstreu, ganz zu schweigen von Inschriftenfunden oder Grabungen.

Ergänzt wurde im Laufe der Zeit das System der Auxiliar- und Kleinkastelle — letztere für Numeri, Detachements größerer Auxiliareinheiten oder auch Legionsvexillationen erbaut — durch turmartige burgi oder centenaria, wobei hier der Terminus „burgus" ausschließlich für rein militärische Anlagen, also nicht für befestigte agrare Einzelsiedlungen (s. u.) verwendet wird. Sie hatten nur eine kleine Besatzung von etwa 20—30 Mann. Solche centenaria sind erstmalig für die Mitte des 3. Jh. in dem im heutigen Tripolitanien verlaufenden Teil des Limes bezeugt, wo eine Inschrift den Bau des centenarium Gasr Duib in die Jahre 244—246 n. Chr. datiert (GOODCHILD; & PERKINS 1949, S. 91). Im nordwestlichen Abschnitt des limes Tripolitanus ist das centenarium Tibubuci (Ksar Tarcine) zwischen 297 und 303 n. Chr. erbaut worden (TROUSSET 1974, S. 92). Es ist die einzige durch eine Bauinschrift datierte Anlage dieser Art im Blattbereich N 15, wenn man das 198

n. Chr. erbaute Si Aoun, über dessen bauliche Charakteristika aber kaum etwas bekannt ist, und das auf der Inschrift als *praesidium* bezeichnet wird, nicht zu diesem Siedlungstyp hinzurechnet.

Schließlich wurden die genannten Arten militärischer Siedlungen, die eine ständige Garnison hatten, noch, wo notwendig, durch Wachttürme ergänzt, deren Posten zumindest i. d. R. von größeren Garnisonsplätzen gestellt wurden. Ihre Datierung ist noch schwieriger als die der größeren Militärsiedlungen.

So kann wegen der Datierungsfragen die vorliegende Karte N 15 für die Gesamtheit der um 300 n. Chr. bestehenden militärischen Siedlungen nur ein angenähertes Bild bieten, wobei in Einzelfällen, wie z. B. bei Ksar Tabria, auch Plätze eingetragen wurden, die sehr wahrscheinlich erst einige Zeit nach 300 n. Chr. entstanden, oder deren Datierung noch nicht bekannt ist.

Größere militärische Siedlungen konnten nur punktuell angelegt werden. Ihre geographische Lage mußte daher strategischen oder taktischen Gesichtspunkten entsprechen. In dem auf dem Kartenblatt N 15 erfaßten Gebiet bestand zumindest eine ihrer Aufgaben in der Abschirmung des intensiv entwickelten Hinterlandes gegen die auch in römischer Zeit z. T. weiter bestehenden Wanderungen der Nomadenstämme und in der Kontrolle derselben. Daher fanden sich im Gebiet des numidischen Limes die „Kontrollstationen" vielfach dort, wo die Nomaden von Süden kommend in die römische Kultur- und Siedlungslandschaft eintraten, d. h. wo natürliche Durchgänge durch die Gebirge des Saharaatlas bzw. seiner östlichen Ausläufer bestanden. Dort lagen die wichtigsten Kastelle, wie z. B. Badias, Ad Maiores und Mdila. Am tripolitanischen Limes hatte Bezereos eine entsprechende Lage nahe dem Anfang eines vom Erg nach NE gerichteten Herdenwanderungsweges. Talalati und Tillibari dagegen lagen östlich der Schichtstufe, wo wichtige W-E-Durchgangswege durch das Dahar in die dichter besiedelte Djeffara mündeten.

2.4.3 Die zivilen Siedlungen

Ergänzt wurde das Sicherungssystem der militärischen Siedlungen durch die befestigten Agrarsiedlungen der *limitanei*, die seit der Mitte des 3. Jh. n. Chr. beginnend, im 4. Jh. verstärkt (TROUSSET 1974, S. 155) vom Staat als Grenzmiliz angesiedelt wurden. Bei ihnen handelte es sich überwiegend um mehr oder weniger romanisierte, seßhaft gemachte Angehörige der einheimischen Bevölkerung. Ihre befestigten Siedlungen („fermes fortifiées") sind namentlich im Bereich des limes Tripolitanus, sowohl in seinem heute libyschen als auch tunesischen Abschnitt in großer Zahl bekannt geworden. Sie waren Einzelsiedlungen in Streulage oder, wie besonders in Libyen, kleine Weiler von 2—4 locker angeordneten Anwesen. In ihrem Grund- und Aufriß ähnelten sie sehr den turmartigen militärischen *centenaria* oder *burgi*. Nach den heute oberflächlich sichtbaren Bauresten ist es daher im Einzelfall oft nicht möglich zu sagen, ob es sich bei einer Wüstung um die Reste einer befestigten Farm oder eines *centenarium* (*burgus*) ohne agrarwirtschaftliche Funktionen handelt. Häufig können aber Anzeichen ehemaliger Landnutzung, etwa in Form von einst mit Hilfe künstlicher Bewässerung oder anderer wasserbautechnischer Maßnahmen (Impluvien) genutzer Anbauflächen, aber auch Funde von Ölmühlenteilen im Bauschutt oder bei der Wüstung diese Frage beantworten.

Neben den agraren Einzelsiedlungen oder kleinen Weilern gab es im Limesgebiet eine Anzahl von Zivilsiedlungen, die als *vici* zu bezeichnen sind und sich in Einzelfällen zu kleinen Städten entwickelten.

Bei den Auxiliarkastellen bestanden Lagerdörfer, über die allerdings bisher kaum etwas Näheres bekannt ist. Sie dienten zweifellos, wie überall in den Grenzprovinzen, z. T. den Bedürfnissen der Garnisonen, aber wahrscheinlich auch als Märkte und im Süden, wo bei Tillibari und Talalati Anzeichen für solche Siedlungen bekannt wurden (TROUSSET 1974, S. 101 u. 116), mögen sie auch Rastorte für durchziehende Karawanen gewesen sein (EUZENNAT 1977, S. 439).

Bei Badias, wo in römischer Zeit im Gebirgsvorland ein ausgedehnterer Anbau mittels künstlicher Bewässerung erfolgte (ACHENBACH 1973, Fig. 1), hatte sich, wahrscheinlich infolge der wirtschaftlichen Bedeutung seines Umlandes, das Lagerdorf so günstig entwickelt, daß es städtischen Charakter annahm und die Rechtsstellung eines *municipium* erhielt (DESSAU 1896, RE 2. Bd., Sp. 2726).

Auch bei Ad Maiores, Mdila und Djenndel lagen größere Zivilsiedlungen, wie Luftbilder zeigen, und BARADEZ (1949, S. 127—128) bezeichnete sie wegen ihrer unterschiedlichen Ausbildung im Falle von Ad Maiores als „ville importante", bei Mdila als „agglomération agricole considérable" und bei Djenndel als „oppidum", doch ist mangels Ausgrabungen oder Inschriftenfunden noch keine weitere Aussage möglich.

Aber keineswegs nur bei Kastellen entwickelten sich größere Zivilsiedlungen. Wie die systematische Bearbeitung der vorliegenden Luftaufnahmen für die Verbreitung der römischen Landvermessung in Ostalgerien durch SOYER (1976) zeigte, gab es z. B. südlich des östlichen Aurès und der Nementchaberge auf der Agrarwirtschaft basierende Gruppensiedlungen: „villes, gros bourgs, villages" (SOYER 1976, S. 176). Sie lagen dort, wo ausgedehnterer Anbau von Getreide und auch Ölbäumen mittels künstlicher Bewässerung möglich war. Auch hier sind nähere Angaben über Verteilung, Größe und Zeitstellung dieser Siedlungen noch nicht zu machen, doch dürfte zumindest die Mehrzahl von ihnen um 300 n. Chr. bestanden haben.

2.4.4 Die linearen Limesanlagen

Außer den militärischen Siedlungen und den befestigten Farmen der *limitanei* dienten längere oder kürzere lineare Anlagen, bestehend aus einem Graben („*fossatum*") mit dahinter liegender Mauer oder Erdwall zur Sicherung des Hinterlandes und zur Kontrolle einiger, vermutlich von den Nomaden bevorzugt benutzter Durchgänge durch das Grenzgebiet.

Wo diese Sperranlagen über felsiges Gelände verliefen, wie im Gebirge oder an Berghängen, wurde hinter dem Graben, von diesem durch eine Berme getrennt, mit dem Aushubmaterial eine Mauer errichtet; wo ihr Verlauf durch ein Gebiet mit starker Verwitterungsdecke oder Alluvionen führte, wurde mit dem Grabenaushub ein Wall aufgeschüttet. Diese Abhängigkeit von den Geländeverhältnissen ist an vielen Stellen des von BARADEZ (1949, 1967) untersuchten numidischen Limes (namentlich westlich des Blattbereiches) beobachtet worden. Sie traf auch auf das etwa 17 km lange Sperrwerk zu, das, am Kamm des Djebel Tebaga beginnend, die Senke zwischen diesem Gebirgszug und dem Djebel Melab querte. An den Hängen des Gebirges bzw. der Hügel wurde es als Graben und

Mauer, in der Senke als Graben und Wall erbaut. Einige Beobachtungs- bzw. Wachttürme und ein befestigtes Tor mit Doppelturm als einziger Durchlaß im südöstlichen Abschnitt vervollständigten diese Anlage (Trousset 1974, S. 62—67).

Weniger gut untersucht ist bisher die von Baradez bei einer Rekognoszierung aus der Luft festgestellte, aus einem Graben mit Wall bestehende Anlage, die kurz östlich Ad Maiores begann und über Chebika nach E bis südlich des Djebel Alima etwa 70 km weit in geringem Abstand vom Gebirgsfuß verlief. Sie wurde von Wachttürmen und Kleinkastellen kontrolliert, die bevorzugt dort lagen, wo von N kommende Flußtäler zwischen den einzelnen Gebirgsketten Zugang zu dem Hinterland boten (Baradez 1949, S. 109—111). Baradez wies darauf hin, daß der Abschnitt östlich des Oued Hamda bei der Luftrekognoszierung nur schwer zu erkennen war, und Euzennat (1977, S. 436) hält Sondierungsgrabungen zur Bestätigung des Befundes in dem östlichen Abschnitt für notwendig.

Außer diesen sich über viele Kilometer hinziehenden Gräben mit Mauern oder Wällen gab es an einzelnen wichtigen Gebirgsdurchlässen Sperrmauern, *clausurae*, wie in den Gebirgsketten nördlich des Chott el Fedjadj. Bei Bir Oum Ali lag die mit 600 m Länge bedeutendste derselben, für weitere wurden neuerdings Hinweise gefunden (Euzennat 1972, S. 23).

Im Bereich des limes Tripolitanus waren im Gebiet des Dahar einige *clausurae* an günstigen W-E-Durchgängen vorhanden. Sie lagen in den Tälern des Oued Zraia, Oued Skiffa und Oued Chenini und sperrten im Raum von Talalati die Zugänge zur Djeffara.

Die Datierung dieser Anlagen ist schwierig und z. T. nur in weiten Grenzen möglich, da jegliche Bauinschriften fehlen. Die *clausura* von Bir Oum Ali, eine Mauer mit Wehrgang und Durchlaß, erinnert in ihrer Konstruktion stark an hadrianische Limesbauten in Nordengland, doch ist Euzennat, der selbst (1972, S. 23) darauf hinwies, aus historischen Gründen der Ansicht, daß diese und weitere *clausurae* in den Gebirgsketten nördlich des Chott el Fedjadj bereits unter Trajan erbaut wurden (Euzennat 1977, S. 436).

Für den Limesabschnitt im Vorland des hadrianischen Auxiliarkastells G e m e l l a e (westlich des Blattbereiches) hat Baradez (1967, S. 209) für das *fossatum*, d. h. das lineare Erdwerk mit Türmen und Durchlässen, das hier den Lokalnamen Bent el Krass führt, da im Gelände deutlich erkennbare Spuren vorhanden sind, ein hadrianisches Alter nachweisen können. Bereits früher betonte er (1949, S. 109), daß das Erdwerk östlich Ad Maiores für den Luftbeobachter die gleichen Charakteristika wie das Bent el Krass aufweist, ohne damit über sein Alter etwas aussagen zu wollen. Baradez läßt offen, zu welcher Zeit die linearen Anlagen im Bereich des numidischen Limes entstanden, hält aber zwei Epochen für die wahrscheinlichsten: die spätere Regierungszeit Hadrians und die Zeit der Tetrarchie am Anfang des 4. Jh. (Baradez 1949, S. 161). Nach Ansicht des Verfassers wäre es im historischen Kontext durchaus sinnvoll anzunehmen, daß die lineare Anlage östlich Ad Maiores in hadrianischer Zeit entstand, und die punktuelle Besiedlung ihres Vorlandes erst später erfolgte.

Für das Sperrwerk zwischen Djebel Tebaga und Djebel Melab liegt bisher nur ein schwacher direkter Hinweis für die Datierung vor: Unter dem Fundament des aus wiederverwendetem Material, z. T. Spolien eines größeren Grabmonuments, erbauten Durchlasses fand man ein Lampenfragment, das um die Wende vom 2. zum 3. Jh. zu datieren ist (Trousset 1974, S. 66). Dies gibt für den Torbau und den mit diesem zweifellos gleichzeitig entstandenen Graben mit Wall bzw. Mauer den terminus post quem, der aber über das genaue Baudatum nichts aussagt. Trousset (1974, S. 141) nimmt an, daß diese Limesanlage etwa gleichzeitig mit den *clausurae* des Dahar erst in der Mitte des 4. Jh. erbaut wurde.

Aber auch diese *clausurae* sind nicht direkt, d. h. durch Inschriftenfunde oder andere Funde an Ort und Stelle, zu datieren. Auf einer außerhalb des Kastells von Talalati gefundenen fragmentarischen Inschrift aus den Jahren 355—360 n. Chr. wird erwähnt, daß der *praeses* und *comes* der Provinz Tripolitanien, Archontius Nilus, den Bau von Schutzwehren veranlaßte („*propugnacula. . . .procuravit*"). Gleichzeitig erfolgte, nach Aussage einer zweiten Inschrift, ein Wiederaufbau des Kastells. Trousset (1974, S. 102) wies darauf hin, daß die Erwähnung der *propugnacula* sich auf die nord- und südwestlich von Talalati liegenden *clausurae* beziehen könnte, was im Zusammenhang mit der Rekonstruktion des Kastells sinnvoll ist. Es ist aber in Anbetracht der sehr fragmentarischen Inschrift, deren erster Teil völlig fehlt, nicht ganz auszuschließen, daß sich „*propugnacula*" z. B. auf eine eventuelle Befestigung der Zivilsiedlung bei dem Kastell oder auf in der Nähe des Kastells und nicht im Dahar liegende Anlagen bezog.

Die Datierung der *clausurae* erscheint somit als nicht ganz gesichert, und damit verliert auch die Hypothese der zeitlichen Verknüpfung ihrer Entstehung mit der des Sperrwerkes südlich des Djebel Tebaga an Bedeutung. Beide Anlagen können, aber müssen nicht, zur gleichen Zeit erbaut worden sein. Auch scheint dem Verfasser die Frage noch offen, ob nicht schon zu Beginn und nicht erst in der Mitte des 4. Jh. ihr Bau erfolgte.

Auf der Karte N 15 wurden daher, trotz der Unsicherheiten in den Datierungsfragen, alle bisher bekannten linearen Limesanlagen eingetragen, selbst wenn sie, wie die Anlagen des limes Tripolitanus, erst nach der Wende vom 3. zum 4. Jh. entstanden sein sollten.

3 Die Centuriation

Ein wichtiger Faktor für die Entwicklung der römerzeitlichen Kulturlandschaft war die Landvermessung (Centuriation, Limitation). Sie wurde in Afrika (im Bereich des Kartenblattes N 15) zu verschiedenen Zeiten durchgeführt, wobei die Orientierung der einzelnen Vermessungssysteme etwas unterschiedlich war. Ihr Raster ist auch heute noch in der Kulturlandschaft an zahlreichen Stellen nachweisbar, etwa in Form von Parzellengrenzen, Feldrainen, Hangterrassierungen und Wirtschaftswegen. Nicht nur auf Luftbildern ist sie mehr oder weniger deutlich über große Landstrecken zu erkennen (Piganiol 1954, Soyer 1976), sondern ihre Reste sind vielfach bei einer systematischen archäologischen Aufnahme des Geländes auch kleinräumig noch direkt in der Landschaft festzustellen (Trousset 1977, Fig. 6).

Auf der Karte N 15 konnten nur die geschlossenen Gebiete der Centuriation im heutigen östlichen Tunesien dargestellt werden, wie sie im Atlas des centuriations romaines de Tunisie (Piganiol 1954) veröffentlicht sind. Sie umfassen drei verschiedene Vermessungssysteme (s. u.). Auch in anderen Teilen Tunesiens sind hier und da Spuren einer Landvermessung gefunden worden, doch reichten die Quellen für eine Darstellung auf der Karte N 15 nicht aus. So besaßen die Gebiete von Ammaedara und Sufetula eine eigene Centuriation und im südlichen Tunesien bestand ein noch unvollständig bekanntes System etwa von südlich des Chott Djerid und Chott el Fedjadj bis Gafsa und Sfax (CAILLEMER; & CHEVALLIER 1957, S. 52). Es ist wahrscheinlich, daß zumindest lokal weitere, vermutlich begrenztere Centuriationen vorhanden waren, deren Auffindung und Erforschung noch aussteht.

Die Untersuchung über die Centuriation in Ostalgerien von SOYER (1976) erschien, nach einem vorangegangenen Aufsatz der gleichen Autorin über ein begrenztes Gebiet südwestlich Constantine (SOYER 1973), zu spät für eine Einarbeitung in die Karte. SOYER konnte feststellen, daß auch dort drei Centuriationssysteme vorhanden waren, ohne daß jedoch eine Beziehung zu denen in Osttunesien bisher zu erkennen ist. Wie die Kartenskizzen und die Übersichtskarte bei SOYER (1976) zeigen, und ein Vergleich ihrer Arbeitsergebnisse mit den Karten des Atlas (PIGANIOL1954) wahrscheinlich macht, war die Centuriation im östlichen Algerien möglicherweise weniger flächendeckend als im östlichen Tunesien vorhanden. Dies könnte mit der unterschiedlichen Landesnatur und/oder einer etwas anderen geschichtlichen Situation bei der Durchführung der Landvermessung zusammenhängen, jedoch ist diese Frage noch nicht zu beantworten. SOYER konnte bei ihren Untersuchungen noch nicht alle Teile Ostalgeriens bearbeiten bzw. publizieren, so daß wie für Tunesien auch hier mit der Auffindung weiterer Gebiete, die der Landvermessung unterworfen wurden, zu rechnen ist.

Diese Landvermessungen gingen jeweils von einem rechtwinklig aufeinanderstehenden Achsenkreuz, gebildet von *decumanus maximus* und *cardo maximus,* aus, das zunächst festgelegt wurde. Durch parallel zu diesen Achsen in gleichmäßigen Abständen angelegte Vermessunglinien, *decumani* und *cardines,* denen z. T. Wege folgten *(limites,* daher Limitation), wurde das zu vermessende Gebiet in quadratische Blöcke, die Centurien (daher Centuriation) aufgeteilt. Die Centurien maßen 2400 × 2400 römische Fuß, etwa 710 × 710 m, und waren somit etwas über 50 ha groß. Die nächste Unterteilung zerlegte die Centurien in vier quadratische Blöcke von 1200 × 1200 Fuß (ca. 355 × 355 m; ca. 12,5 ha) und diese wurden dann weiter in gleichmäßige Parzellen von ca. ½ ha *(heredia),* ca. ¼ ha *(iugera)* und ca. ⅛ ha *(actus)* aufgeteilt. Dieses „klassische" Vermessungsschema ist in den auf der Karte N 15 verzeichneten Gebieten noch heute über weite Strecken nachweisbar, wurde also bei den unten zu nennenden großen Centuriatonssystemen durchgehend angewandt.

In weiten Teilen des Landes verliefen sowohl die Hauptvermessungslinien wie die Kleinparzellierung fast flächendeckend ohne Rücksicht auf das Gelände auch durch Hügel- und Bergländer, wobei allerdings in den auf der Karte N 15 dargestellten Gebieten, von den nordöstlichen Ausläufern der Tunesischen Dorsale abgesehen, im allgemeinen keine allzu großen Hangneigungen vorhanden sind. In anderen Landesteilen, z. B. in Ostalgerien, wurden stärker Gebirge, Sumpf- und Waldgebiete als sogenannte *subseciva* von der Vermessung ausgespart. Oder auch zwischen verschiedenen Centuriationssystemen, die etwa die Territorien von Städten *(perticae)* erfaßten, verblieben unvermessene Strecken, die *subsecivae inter perticas.*

Die auf dem Kartenblatt N 15 dargestellten Gebiete mit ausgedehnter Centuriation umfaßten drei ihrer Ausrichtung, d. h. der Himmelsrichtung des *decumanus maximus* nach unterscheidbare Systeme, die auch unterschiedlichen Alters waren.

Die „Centuriation Nord" grenzte im NE an das Meer, im W an die Provinzgrenze von Africa Vetus, die fossa regia, während sie im S etwa bis zu einer von dort von W nach E verlaufenden, nördlich Horrea Caelia die Küste erreichenden Linie verlief, die vermutlich der Grenze des Gebietes von Hadrumetum entsprach. Dieses ausgedehnte Vermessungssystem stimmte in seiner Ausrichtung mit demjenigen der augusteischen Neugründung Carthagos überein, welch letztere aber möglicherweise einer älteren Centuriation, die schon vor 111 v. Chr. bestand, Rechnung trug (Caillemer; & Chevallier 1957, S. 48). Denn es scheint sicher zu sein, daß die Vermessung dieses Teiles der Provinz Africa (Vetus) bereits bald nach der Vernichtung Carthagos in Angriff genommen wurde.

Im N wurden ferner westlich der fossa regia, also außerhalb der alten Provinz, Spuren eines etwas anders als die „Centuriation Nord" orientierten Systems gefunden, das möglicherweise auf die Kolonisationsversuche des Marius zurückgeht (Caillemer; & Chevallier 1957, S. 48—49).

An die Limitation Nord schloß sich das Centuriationssystem „Mitte-Ost" an. Es folgte von Horrea Caelia der Küste bis etwa 15 km südlich Caput Vada in durchschnittlich 30 km Breite, d. h. landeinwärts bis zu einer Linie, die von den Sebkhen Kelbia und Sidi el Hani begrenzt wurde und dann östlich Thysdrus verlief. Diese Stadt und ihr Umland sowie ein Landstreifen zwischen dem südlichen Teil der Sebkha Sidi el Hani und der Küste waren in diese Centuriation nicht einbezogen. Der Anstoß zu dieser Centuriation erfolgte wahrscheinlich durch Caesar nach seinem Sieg über die Pompeianer, als durch ihn eine politische Neuordnung des Gebietes vorgenommen wurde. Ihre Ausführung dürfte allerdings erst unter Augustus erfolgt sein (Chevallier 1958 b, S. 89).

Möglicherweise gleichzeitig mit der Centuriation „Mitte-Ost" ist eine um Acholla ausgeführte Vermessung (Centuriation „Süd-Ost") erfolgt, die aber eine andere Ausrichtung zeigt und sich von der Küste etwa 15 km landeinwärts erstreckte (Caillemer; & Chevallier 1957, S. 50).

Außer in diesen Gebieten, in denen die Spuren der römischen Landvermessung auch heute noch vielfach über große Strecken geschlossen erkennbar sind, finden sich Anzeichen für weitere Centuriationssysteme. Die bedeutendste ist die „Centuriation Süd", die sehr ausgedehnt gewesen zu sein scheint: von südlich des Chott el Djerid und des Chott el Fedjadj bis in den Raum von Taparura. Es ist noch nicht zu sagen, ob dieses System sich noch weiter erstreckte, etwa nach NW bis in den Raum von Sufetula. Den Inschriften einiger gefundener Grenzsteine nach ist diese Vermessung, die u. a. das Gebiet der Nybgenii um die genannten Chotts erfaßte, in der Regierungszeit des Tiberius durchgeführt worden. Nach dieser Zeit ist für den östlichen Blattbereich das vermutlich unter Vespasian durchgeführte Kataster von Ammaedara zu nennen. Nach dem Ende des 1. Jh. n. Chr. sind im Gebiet des heutigen Tunesien anscheinend keine Landvermessungen mehr erfolgt (Caillemer; & Chevallier 1957, S. 52—53).

Für die in den letzten Jahren durch Soyer (1973; 1976) bekannt gewordenen Centuriationssysteme in Ostalgerien ist über ihre Entstehungszeit noch nichts auszusagen.

Die Landvermessung und die damit verbundene Anlage eines Katasters diente in erster Linie der Erfassung des Landes für die Grundsteuer. Darüber hinaus ergab sich durch sie die Möglichkeit einer geplanten Landzuweisung an Veteranen oder auch Gruppen der Stadtbevölkerung Roms, die in neu gegründeten *coloniae* oder auch anderweitig angesiedelt wurden. Auch für die Vergabe von Pachtländereien auf kaiserlichen Domänen oder privaten Latifundien bot die Centuriation eine wertvolle Grundlage zur Regelung der Pachtverhältnisse. Dies war deshalb besonders bedeutsam, weil die vorherrschende Betriebsform der kleinbäuerliche Pachthof der Kolonen war, und nur ein kleiner Teil des Kulturlandes durch bäuerliche Eigentümer oder durch Großbetriebe bewirtschaftet wurde.

Die Landvermessung schuf ferner gegebenenfalls günstige Voraussetzungen für Maßnahmen der künstlichen Bewässerung oder auch für Meliorationen von Feuchtgebieten.

Insgesamt prägte das Vermessungsschema weithin die Kleinstruktur der Agrarlandschaft, etwa bezüglich der Form und Größe der Besitz- und Wirtschaftsparzellen, des Wirtschaftswegenetzes, der Entstehung von Lesesteinwällen, Ackerrainen und z. T. der Hangterrassierung in stärker reliefiertem Gelände. Letztere verlief allerdings notwendigerweise je nach dem Winkel, mit dem die Vermessungslinien die Hangneigung schnitten, meist mehr oder weniger schräg zu den Parzellengrenzen der Centuriation, was z. B. auf manchen Blättern des Atlas des centuriations romaines (PIGANIOL 1954) zu erkennen ist.

Ob und wieweit die Verteilung und Lage der ländlichen Streusiedlungen von dem Vermessungsschema beeinflußt wurden, bleibt noch zu untersuchen.

4   Die Verbreitung der Ölbaumkulturen

Neben der Centuriation war für die Physiognomie der römischen Kulturlandschaft die unterschiedliche agrare Nutzung der Fluren als Getreideland, gegebenenfalls in trockenen Gebieten jedes zweite Jahr als Schwarzbrache sonst in regelmäßigem Turnus als Grünbrache unbebaut bleibend, als Baumhaine, als Weinbauparzellen oder auch als zeitweises oder ständiges Weideland von Bedeutung. Über die regionale und lokale Verteilung der einzelnen Anbauprodukte lassen sich keine oder nur angenäherte allgemeine Aussagen machen, mit Ausnahme für die Ölbaumkulturen und gelegentlich für Weinparzellen. Über die Verbreitung der ersteren liegen einmal zahlreiche archäologische Hinweise in Form von Ölpressenresten vor, die zwar weit verbreitet sind, in gewissen Gebieten aber eine auffallende Verdichtung aufweisen. Ferner sind auf Luftaufnahmen vielfach die ehemaligen Pflanzlöcher römischer Ölbaumbestände zu erkennen.

Im übrigen wechselten während der römischen Herrschaft zumindest regional die Verbreitung und Bedeutung der einzelnen Anbauprodukte. Während zunächst fast ausschließlich über den eigenen Landesbedarf hinaus die Weizenproduktion für die Ernährung der Bevölkerung Roms das vorrangige Wirtschaftsziel war, gewann im Laufe des 2. Jh. n. Chr. und stärker seit Beginn des 3. Jh. daneben die Olivenölproduktion große wirtschaftliche Bedeutung. Durch staatliche Maßnahmen gefördert wurden die Ölbaum- und anderen Baumkulturen stark ausgeweitet und erreichten im 4. Jh. ihren Höhepunkt. Sie wurden weithin in Gebieten angelegt, die für den Getreideanbau weniger geeignet waren. Dies konnte aus klimatischen Gründen geschehen, wenn durch diese die Sicherheit der Getreideernten nicht hinreichend gewährleistet war, oder dort, wo lokal wegen des Reliefs weniger für den Getreideanbau geeignete Zonen bei der Verteilung der Landlose an die Neusiedler oder Pächter nicht zugeteilt (DESPOIS 1955, S. 113), und, obwohl oft von der Landvermessung miterfaßt, nur extensiv als Weideland genutzt worden waren. Auf solchen zwischen dem Getreideland der Ebenen, Becken und sanften Hügelländer gelegenen Landstücken, die als *loci derelicti* (G. CH. PICARD 1962, S. 55) bezeichnet wurden, setzte durch die Kaiser und eine entsprechende Gesetzgebung gefördert seit dem frühen 2. Jh. n. Chr. eine Intensivierung der Agrarlandschaft durch die Anlage von Baum-, namentlich Ölbaumkulturen ein.

Ob und wieweit auch Getreideland auf Ölbaumkulturen umgestellt wurde, etwa wegen Erschöpfung der Böden durch den Getreidebau, wie es G. CH. PICARD (1962, S. 55) annahm, ist im einzelnen noch nicht zu sagen. Sicherlich erfolgte eine Verschiebung des Schwergewichts der Produktion vom Getreidebau auf die Olivenkulturen in der Sahelregion des östlichen Tunesien, hier aber wohl mehr aus klimatischen Gründen, da die Ölbaumkulturen im langjährigen Mittel sicherere Erträge als der Getreidebau ergaben. Im Süden des Sahel um Taparura, im Küstenbereich um die Kleine Syrte sowie in Teilen der inneren Hochländer bildeten aus klimatischen und edaphischen Gründen in römischer Zeit wie regional auch heute die Ölbaumkulturen die rentabelste Nutzungsmöglichkeit, und zwar auf Land, das bisher nur durch nomadische Weidewirtschaft genutzt worden war.

So wichtig in wirtschaftlicher Beziehung und so landschaftsprägend weithin der Olivenanbau und die Ölproduktion im 3. und 4. Jh. waren, so ist doch zu beachten, daß Africa nach wie vor für die Versorgung Roms mit Brotgetreide aufzukommen hatte, wobei allerdings, worauf G. CH. PICARD (1962, S. 57) hinwies, seit dem 2. Jh. n. Chr. eine stärkere Heranziehung von Numidien und Mauretanien für die unentgeltlichen Getreidelieferungen (*annona*) erfolgte.

CAMPS-FABRER (1953) hat nach den archäologischen Quellen die Landesteile herausgearbeitet und kartographisch dargestellt, in denen der Olivenanbau eine besonders wichtige Rolle gespielt haben dürfte. Die von ihr gemachten Angaben wurden in die vorliegende Karte übernommen. Doch sei betont, daß die „Hauptolivenanbaugebiete" nicht Gebiete einer Olivenmonokultur waren, von begrenzten Teilen des Sahel von Sfax vielleicht abgesehen. Neben dem Olivenanbau erfolgte in der Regel, wenn auch gelegentlich nur in bescheidenem Maße, Getreideanbau und Viehwirtschaft zur Eigenversorgung der ländlichen Bevölkerung und zur Versorgung der benachbarten Städte, worauf auch DESPOIS (1955, S. 110) für Ostunesien hinwies.

5 Die Genese der Kulturlandschaft

Bei der Besprechung der einzelnen Elemente der Kulturlandschaft wurde versucht, auch auf ihre Genese einzugehen. Das Schwergewicht mußte dabei, durch die Quellenlage bedingt, leider sehr überlastig auf der Besprechung der Entwicklung der Städte liegen. Aber selbst bei dieser Gruppe von Landschaftselementen schienen immer wieder große Lücken in der bisherigen Kenntnis auf. Trotzdem war es bis zu einem gewissen Grade möglich, eine Anzahl von Grundtendenzen herauszustellen, wie es unter gewissen ausgewählten Gesichtspunkten oder in regionaler Begrenzung Historiker und vereinzelt auch Geographen mehrfach versucht haben. Es liegt dabei in der Natur der Sache, und es ist bei der oft großen Unvollständigkeit der Quellen eigentlich selbstverständlich, daß diese gelegentlich unterschiedlich interpretiert wurden bzw. werden. Das ist bei dem anderseits durch neue Inschriftenfunde wachsenden Quellenmaterial auch gar nicht anders zu erwarten. Eine neue Inschrift kann u. U. genügen, um ein bislang ungelöstes Problem zu klären oder auch umgekehrt eine bisher gültige Auffassung in Frage zu stellen.

Von historischen Arbeiten ist hier vor allem die von TEUTSCH (1962) zu nennen, dem es infolge seines frühen Todes nicht vergönnt war, seinen Forschungsansatz auszubauen und mit den Fachgenossen auszudiskutieren, sowie die 10 Jahre später erschienene Arbeit von GASCOU (1972). Beide Arbeiten bieten zahlreiche Aussagen und Anregungen zur siedlungsgenetischen Fragestellung und wurden weitgehend für die vorliegenden Erläuterungen herangezogen. Von geographischer Seite ist das Werk von DESPOIS (1955) zu erwähnen, in dem für einen Teil Osttunesiens, „Sahel et Basse Steppe", im 1. Kapitel des 2. Teils (S. 101—128) ein historisch-geographischer Abriß über die Entwicklung der Kulturlandschaft von den Anfängen bis zu der arabischen Eroberung gegeben wird.

Die Römer fanden in großen Teilen des bearbeiteten Gebietes: an den Küsten, im N, NE und E des Landesinneren, eine von einer seßhaften Bevölkerung z. T. hoch entwickelte Kulturlandschaft vor. Diese übernahmen sie zunächst, doch formten sie dieselbe im Laufe der Jahrhunderte, etwa durch die Centuriation und die Gründung von Siedlungskolonien, erheblich um. In den von numidischen Stämmen nur durch nomadische Weidewirtschaft genutzten Gebieten des S und SW — die von dieser Weidewirtschaft zwar auch schon landschaftlich beeinflußt wurden und zumindest z. T. nicht mehr vom Menschen unberührte „Naturlandschaft" waren — schuf der römische Staat durch die Ansiedlung von allochthonen und durch Seßhaftmachung von autochthonen Bevölkerungsgruppen und der damit verbundenen Einführung des Ackerbaus und namentlich der Baumkulturen erstmals eine Kulturlandschaft i. e. S..

Dabei wurde der römische Staat, oder vielleicht besser gesagt die römische Staatsmacht, etwa durch die Körperschaft des Senats, durch einzelne führende Persönlichkeiten der ausgehenden republikanischen Zeit, dann durch die Kaiser vertreten. Mit anderen Worten: die Kulturlandschaftsentwicklung erfolgte zu einem erheblichen Teil durch „raumwirksame Staatätigkeit". Aber auch gesellschaftliche und/oder politische Gruppen, wie etwa die Senatoren, die Ritter und die Plebs, vertreten durch die „Parteien" der Optimaten und der Popularen sowie einige hervorragende Führer derselben, beeinflußten, oft zugunsten eigennütziger Sonderinteressen, die Entwicklung der Kulturlandschaft.

Richtung gewiesen und Schranken gesetzt wurden diesen geschichtlichen Vorgängen — außer durch die Grenzen der Machtmittel und der technischen Möglichkeiten — durch die physisch-geographischen Gegebenheiten. Die regional und lokal unterschiedlichen Faktoren: Relief, Klima, Böden und die Ansprüche der Pflanzenwelt, sowohl der natürlichen Vegetation, die genutzt werden konnte, wie der Kulturpflanzen, steckten den Rahmen für die menschliche Tätigkeit ab. Die großen Züge dieser Abhängigkeiten sind bekannt und brauchen hier nicht erläutert zu werden, die Bearbeitung der Feinheiten steht noch aus, bzw. ist mangels hinreichender Quellen noch nicht durchzuführen.

Die wichtigsten historischen Vorgänge für die Genese der Kulturlandschaft waren die folgenden:

Die Handelsfahrten der Phönizier seit dem 12. Jh. v. Chr. längs der afrikanischen Küsten nach Südspanien führten zur Gründung von Utica als der wichtigsten Zwischenstation auf dem Wege von Tyros nach Gades (Cadiz) sowie zur Anlage von Hafen- und

Handelsplätzen (*Emporia*) für die Küstenschiffahrt. Sie wurden an der Ost- und Nordküste zu den ersten Ansätzen für die Entwicklung der Küstenstädte. Das Sicherheitsbedürfnis der phönizischen Handelsfahrer ließ sie nach Möglichkeit gegen das Hinterland geschützte Plätze wie Halbinseln, kleine Vorgebirge oder auch kleine, der Küste nahe vorgelagerte Inseln für die Anlage der *Emporia* wählen.

Das gegen Ende des 9. Jh. v. Chr. gegründete Carthago (G. Ch. Picard 1957 a, S. 77) übernahm nach dem 8. Jh. diesen Handel und errichtete in den folgenden Jahrhunderten im westlichen Mittelmeer einen mächtigen Handelsstaat. Auf afrikanischem Boden erwarb es im Gebiet des heutigen N- und E-Tunesien ein bedeutendes Territorium, das agrarwirtschaftlich sowohl bezüglich des Getreidebaus wie der Oliven- und anderen Fruchtbaumkulturen intensiv entwickelt wurde (G. Ch. Picard 1957 a, S. 118). Dabei entstanden in der Folgezeit im nordöstlichen und nördlichen Binnenland zahlreiche geschlossene Gruppensiedlungen, die *castella*, die von einer Landwirtschaft treibenden Bevölkerung bewohnt wurden, in einigen Fällen auch Marktfunktionen hatten wie z. B. Vaga. Sie entwickelten sich z. T. im Laufe der Zeit zu kleinen Städten mit nach karthagischem Muster eingerichteter Verwaltung und bildeten eine zweite Gruppe von Ansatzpunkten für die Entwicklung des Städtewesens. Auch viele Emporia an den Küsten wuchsen allmählich zu kleinen, gelegentlich auch größeren Städten heran, wie z. B. Hadrumetum. Im 3. Jh. v. Chr. hatte diese phönizisch-karthagische Kulturlandschaftsentwicklung ihre volle Blüte erreicht.

In dem Carthago benachbarten numidischen Machtbereich begann im 3. Jh. in den nördlichen Gebieten, gefördert von den z. T. der griechischen Zivilisation gegenüber sehr aufgeschlossenen Königen, eine stärkere Seßhaftwerdung der bisher noch z. T. nomadisch lebenden Bevölkerung. Namentlich unter Massinissa in der ersten Hälfte des 2. Jh. v. Chr. machte die Entwicklung der Landwirtschaft erhebliche Fortschritte. Neben den ländlichen Siedlungen kam es vereinzelt zur Gründung von städtischen Residenzen, wie z. B. Cirta, und es begannen sich in den Gebieten der einzelnen numidischen Stämme Gauvororte zu entwickeln, wie z. B. Madauros.

Nach der Beendigung des 2. Punischen Krieges im Jahre 201 v. Chr. behielt Carthago zwar den größten Teil seines afrikanischen Gebietes, wurde aber völlig entmachtet. So setzte bald darauf die von Rom geduldete Expansionspolitik Massinissas ein, des Bundesgenossen Roms in der Endphase des 2. Punischen Krieges. Dieser begann schrittweise karthagisches Gebiet zu okkupieren, was schließlich zum 3. Punischen Krieg, der Zerstörung Carthagos im Jahre 146 v. Chr. und der Errichtung der römischen Provinz Africa führte. Die von Massinissa okkupierten Gebiete wurden diesem überlassen, Rom begnügte sich mit dem zu Beginn des Krieges noch Carthago verbliebenen Besitz. Nach dem 105 v. Chr. beendeten Jugurthinischen Krieg verblieb das Kerngebiet des einst von Massinissa geschaffenen Reiches den Numidern.

Das von den Karthagern entwickelte Siedlungs- und Städtewesen wurde von diesen Vorgängen anscheinend nicht wesentlich betroffen, von vorübergehenden Kriegszerstörungen abgesehen. Massinissa und seine Nachfolger übernahmen weitgehend die punischen *castella*, einige Städte wurden zu Residenzen der Könige, wie Bulla Regia und möglicherweise Hippo Regius, andere zu Gauvororten numidischer Stämme wie Thubursicum Numidarum und Thugga.

Auf numidischem Gebiet, im Bereich der mittleren Medjerda erfolgte (wahrscheinlich) 103 v. Chr. auch die Ansiedlung von Veteranen des Marius bei bereits bestehenden Siedlungen, wie es im Falle von Thuburnica, Uchi Maius und Thibaris nachweisbar ist. Bei diesen von Marius im Einvernehmen mit dem Numiderkönig Hiarbas angelegten Veteranenkolonien handelte es sich wahrscheinlich um Städte von der Art der *coloniae.* Sie wurden jedoch nicht, wie es bei den *coloniae* der Fall war, vom römischen Staat gegründet. Sie entstanden durch die Initiative des Marius außerhalb der Provinz Africa. Außer an den drei genannten Orten siedelten sich marianische Veteranen auch an anderen Plätzen Numidiens an, wie wahrscheinlich in Vaga, Musti und Sicca Veneria, jedoch ist der Umfang dieser Ansiedlungen nicht bekannt.

Die ungewöhnliche Ansiedlung von Veteranen außerhalb des römischen Staatsgebietes ist wohl nur aus den innenpolitischen Verhältnissen im damaligen Rom, nämlich dem Gegensatz zwischen Popularen und Optimaten zu verstehen. Bei den militärischen Auseinandersetzungen der Popularen mit den Optimaten in Africa während der achtziger Jahre des 1. Jh. v. Chr. unterlagen die Marianer und der auf ihrer Seite stehende König Hiarbas dem Pompeius im Jahre 81 v. Chr.. Dies hatte wahrscheinlich auch Auswirkungen auf die Ansiedlungen der Marianer, ohne daß darüber aber schon Sicheres zu sagen ist. Die Kenntnis von der Koloniegründung durch Marius war jedenfalls in den genannten Städten noch im 3. Jh. n. Chr. vorhanden.

Nach der Zerstörung Carthagos und der Fortführung seiner Bevölkerung — oder zumindest eines großen Teiles derselben — in die Sklaverei ließen die Römer, ähnlich wie die Numider, die in ihrer Provinz Africa vorhandene Siedlungsstruktur im wesentlichen bestehen. Jedoch büßten die punischen Städte, von den wenigen Ausnahmen der *oppida libera* abgesehen, als tributpflichtige *oppida stipendiaria* ihre Immunität ein, d. h. sie verloren häufig einen Teil ihres Territoriums, hatten erhebliche Steuern zu zahlen und waren in ihrer Selbstverwaltung zumindest stark eingeschränkt.

Wahrscheinlich bald nach der Errichtung der Provinz begann die Landvermessung zur Erfassung des Territoriums Carthagos, des dem römischen Volk zugefallenen *ager publicus.* Sie erfaßte zunächst den N und diente der Erstellung eines Katasters. Durch sie wurde die Gestaltung der Landschaft maßgeblich beeinflußt. Man kann wohl ohne Übertreibung sagen, daß durch die Centuriation die Ausbildung der römerzeitlichen Agrarlandschaft den entscheidenden, originär römischen Charakter erhielt.

Eine offizielle römische Siedlungspolitik erfolgte nach dem 122 v. Chr. gescheiterten Versuch des C. Gracchus, auf dem Boden des zerstörten Carthago eine Siedlungskolonie zu gründen, nicht. Sowohl in der Provinz wie in dem numidischen Machtbereich kam es in den Jahren 146—46 v. Chr. aber an vielen Orten zu der spontanen Niederlassung von römischen Bürgern, oft Großhändlern. Diese schlossen sich, wenn sie an einem Ort etwas zahlreicher vertreten waren, zu einem *conventus civium Romanorum* zusammen. Dieser Vorgang wurde in der Folgezeit vielfach für die weitere Entwicklung des Städtewesens bedeutsam, da er sich als erster Schritt einer Romanisierung erwies.

Eine neue Entwicklungsphase setzte nach Caesars afrikanischem Feldzug und seinem Sieg über die Pompeianer und den mit ihnen verbündeten Numiderkönig Juba im Jahre 46 v. Chr. ein. Der größte Teil des numidischen Königreiches wurde als Provinz Africa Nova dem römischen Staat eingegliedert. Gleichzeitig hatte Caesars Parteigänger P. Sittius mit seiner soldatischen Anhängerschar gemeinsam mit dem mauretanischen König Bocchus die numidische Residenzstadt Cirta erobert. Er gründete dort, von Caesar toleriert, die private Kolonie Cirta, deren Territorium einen erheblichen Teil des westlichen Numidien vom Hochland südlich Cirta bis zur Küste einschloß. Hier siedelte Sittius seine nur z. T. aus römischen Bürgern bestehende Anhängerschaft, außer in Cirta selbst, in einigen Städten und *castella* an. Neben Cirta und den Küstenstädten Chullu und Rusicade erhielten auch Milev, Thibilis, Tiddis und Celtianis dadurch wirksame Entwicklungsimpulse. Nach der Ermordung des Sittius durch den Numider Arabion wurde Cirta mit ihrem Territorium der Provinz Africa Nova eingegliedert. Bei gleichzeitiger Ansiedlung von Legionsveteranen durch Octavian wurde sie *colonia* römischen Rechts.

Im NE erfolgte bereits durch Caesar die Gründung von einigen *coloniae,* ein Vorgang der von Octavian fortgesetzt wurde. Von diesem wurde auch die bereits von Caesar geplante Neugründung von Carthago durchgeführt. Diese *colonia* wurde mit einem sehr ausgedehnten Territorium ausgestattet, wobei auch Teile des intensiv besiedelten Gebietes zwischen der mittleren Medjerda und der Siliana auf einst karthagischem, dann numidischem Gebiet Carthago zugeschlagen wurden. Bei dieser politischen Neugliederung wurden Teile der Gebiete der *oppida stipendiaria* dem Territorium Carthagos als *pagi* zugeteilt, deren vielfach neu angesiedelte Bewohner rechtlich römische Bürger Carthagos waren. Die einheimische Bevölkerung des betroffenen *oppidum stipendiariarium* bildete mit dem ihr verbliebenen Gebiet eine *civitas* peregrinen Rechtes. In Fortsetzung der von Caesar begonnenen Siedlungspolitik gründete Octavian/Augustus ferner für ausgediente Legionäre die Veteranenkolonien Uthina und Thuburbo Minus. Auch in den bereits bestehenden Städten Thuburnica, Simitthus und Sicca Veneria wurden Gruppen von Legionsveteranen angesiedelt. Dabei wurde diesen Städten die Rechtsstellung einer *colonia* erteilt. Die Landbeschaffung für die Neusiedler erfolgte durch Konfiskation. Ferner erhielten einige bedeutendere Städte, wie Thabraca, die Rechtsstellung einer *colonia* verliehen.

Durch die Ansiedlung der Veteranen und anderer römischer Bürger durch Caesar und Octavian wurde, abgesehen von der Versorgung derselben, auch eine Sicherung der zum großen Teil neu erworbenen Gebiete gegen innere oder äußere Feinde, aber auch gegen innenpolitische Gegner angestrebt.

Trotz dieser Maßnahmen blieb die Zahl der *coloniae* gering. Die weitaus meisten Städte, die aus vorrömischer Gründung hervorgegangen waren, hatten eine ganz überwiegend autochthone Bevölkerung, die *peregrini.* Für diese bedeutete das mindere, peregrine Recht ihrer *civitates* einen erheblichen Nachteil, und verständlicherweise strebten sie eine Anhebung der Rechtsstellung ihres Gemeinwesens an. In der Folgezeit kam diesem Bestreben die seit Vespasian bei mehreren Kaisern verstärkt vorhandene Bereitschaft entgegen, die Rechtsverhältnisse der autochthonen Bevölkerung der Städte zu verbessern, durch die Verleihung der Rechtsstellung eines *municipium,* sehr viel seltener des Status einer *colonia.* Voraussetzung dafür war allerdings eine hinreichende Romanisierung der Stadtbewohner. Diese Politik der Integration der Provinzialbevölkerung auf dem Wege über die Verleihung von Rechtstiteln an die Städte wurde von Vespasian eingeleitet, von Trajan und Hadrian weitergeführt und von Marc Aurel, Commodus und schließlich den Severern fortgesetzt. Dabei kam es auch zur verwaltungsmäßigen und rechtlichen Verschmelzung der von römischen Bürgern bewohnten *pagi* mit den *civitates* der Peregrinen. Zu späterer Zeit, etwa unter Gallienus, erhielten manche dieser Municipien die Rechtsstellung einer *colonia*.

Am Ende der Regierungszeit des Augustus war Ammaedara Standort der einzigen in Africa stationierten Legion, der Legio III Augusta. Diese wurde 75 n. Chr. unter Vespasian nach Theveste verlegt, und wahrscheinlich gleichzeitig wurde in Ammaedara eine Veteranenkolonie gegründet. Diese sollte, neben der Versorgung der ausgedienten Soldaten, wahrscheinlich auch Sicherungsaufgaben im Gebiet der möglicherweise immer noch unzuverlässigen Musulamen übernehmen. Nach dem gefährlichen, sieben Jahre währenden (17—24 n. Chr.) Aufstand des Tacfarinas wollte Rom im Gebiet dieses Stammes möglicherweise kein Risiko eingehen. Auch bei dem Gauvorort der Musulamen Madauros siedelte Vespasian eine Veteranenkolonie an. Die Territorien für beide Kolonien wurden aus dem Gebiet der Musulamen konfisziert, so daß dieser vermutlich z. T. noch nomadisierende Stamm in seiner Wirtschaftskraft geschwächt und zur Seßhaftwerdung veranlaßt wurde. Schließlich wurde wahrscheinlich zur Zeit Vespasians in Diana Veteranorum eine kleinere Veteranenansiedlung vorgenommen, die jedoch nicht den Status einer *colonia* hatte. Damit war ein erster Schritt in Richtung der SW-Expansion und der verstärkten Kontrolle der bisher noch bei ihrer nomadischen Lebensweise verharrenden südlichen numidischen Stämme getan.

Unter Titus wurde 81 n. Chr. zunächst eine Abteilung (*vexillatio*) der 3. Legion in Lambaesis in dem sogenannten Ostlager stationiert, bis unter Trajan i. J. 100 n. Chr. die Verlegung der ganzen Legion von Theveste in das große Standlager von Lambaesis erfolgte. Etwa gleichzeitig entstand die Veteranenkolonie Thamugadi, und nach Abzug der 3. Legion aus Theveste wurde auch dort eine Veteranenkolonie eingerichtet. Diana Veteranorum schließlich wurde von Trajan zum *municipium* erhoben.

Die Verlegung der Legion sowie die Koloniegründungen Trajans im bisherigen Grenzbereich dienten zusammen mit dem Bau der ersten Auxiliarkastelle des numidischen Limes neben der Sicherung des Hinterlandes vor den Nomaden der Überwachung der Gebirgsbevölkerung des Aurès. Dadurch wurde eine dichtere Besiedlung und damit wirtschaftliche Inwertsetzung weiterer Gebiete, z. B. durch Ölbaumkulturen, ermöglicht.

Im Laufe der Zeit entwickelten sich bei Lambaesis und Verecunda zwei städtische Siedlungen, von denen erstere die weitaus bedeutendere war. Unter Marc Aurel wurde sie zum *municipium* und im 3. Jh. zur *colonia* erhoben. Das dicht benachbarte Verecunda blieb *municipium*.

Auch in dem Gebiet der Hochsteppe südlich des Tunesischen Rückens lassen die spärlichen Inschriftenfunde die Auswirkungen der Politik Vespasians und Trajans erkennen. Hier entstanden vier bedeutende Städte, von denen Thelepte wahrscheinlich eine von Trajan gegründete Veteranenkolonie war, während Cillium, Sufes und Sufetula den Status einer *colonia* erst später erhielten.

Die Ausweitung der Provinz nach SW führte auch, wie erwähnt, zu der Anlage einer befestigten Grenzzone südlich des Aurès und der sich nach E anschließenden Gebirgszüge. Dieser im wesentlichen von Trajan geschaffene östliche Teil des numidischen Limes wurde unter Hadrian ausgebaut und in den folgenden Jahrhunderten vervollkommnet. Seit Hadrian erfuhren die Grenzbefestigungen über Turris Tamalleni hinaus nach S eine

Fortsetzung und schrittweisen Ausbau zum nördlichen Abschnitt des limes Tripolitanus. Unter diesem Kaiser erfolgte durch die Erhebung von Turris Tamalleni zum *municipium* aber auch eine Förderung der Seßhaftmachung der Nybgenii, deren Gebiet bereits unter Tiberius vermessen worden war.

Nachdem mit der Vorverlegung der Grenze bis an die Nordränder der Chotts bzw. den Westrand des Großen Östlichen Erg eine natürliche Grenze erreicht war, die es allerdings zu kontrollieren galt, setzte seit Ende des 1. Jh. n. Chr., durch die unter Vespasian erlassene *lex Manciana* und dann durch die *lex Hadriani* begünstigt, eine gewisse Umorientierung in den agraren Produktionszielen, nämlich vom Getreidebau zur Olivenkultur ein. Dadurch erfuhren in den klimatisch und edaphisch geeigneten Gebieten die Olivenkulturen eine erhebliche Ausdehnung, zum großen Teil auf neu in Kultur genommenem Land. Dies erfolgte sowohl in den bereits gut entwickelten Gebieten des Nordens und Ostens als auch in den neu gewonnenen und bisher nur extensiv genutzten Landesteilen des südwestlichen und südlichen Binnenlandes und längs der Küsten der kleinen Syrte. Überall führte es auch zu einer Verdichtung des Siedlungsnetzes. Der Intensivierungsprozeß der Agrarwirtschaft durch den verstärkten Olivenanbau hatte seinen Höhepunkt im ausgehenden 2. und 3. Jh., setzte sich aber bis in das 4. Jh. n. Chr. fort.

Um die Wende vom 3. zum 4. Jh. n. Chr. war somit die römerzeitliche Kulturlandschaft voll ausgebildet. In ihr schimmerte sowohl in der Verteilung der Siedlungen, namentlich der Städte, im Norden und Osten als auch in der Übernahme der Anbaufrüchte und der Anbausysteme derselben das phönizisch-karthagisch-numidische Erbe vielfach durch. Jedoch hatte Rom namentlich mit der Centuriation; der Gründung zahlreicher neuer und Weiterentwicklung vorhandener Städte; durch deren bauliche Gestaltung; wahrscheinlich durch die Verbreitung der ländlichen Streusiedlung; durch Inwertsetzung neuer und Intensivierung bestehender Agrargebiete, z. T. auch mit Hilfe künstlicher Bewässerung; durch neue Schwerpunkte in der Agrarproduktion; durch den Ausbau des Verkehrs mittels Straßen, Raststationen und Häfen; auch durch die Schaffung des Limes mit seinen vielfachen Anlagen dem Land seinen Stempel aufgeprägt. Diese Prägung war so kräftig und solide, daß sie zum großen Teil Jahrhunderte andauerte und selbst heute noch an vielen Stellen in der Landschaft ihre Spuren deutlich zu sehen sind.

Ortsregister

Literaturverzeichnis

ACHENBACH, HERMANN 1964: Die Halbinsel Cap Bon. Strukturanalyse einer mediterranen Kultur-landschaft. Jahrbuch der Geographischen Gesellschaft zu Hannover für 1963. Hannover.
— 1973: Römische und gegenwärtige Formen der Wassernutzung im Sahara-Vorland des Aurès (Algerien). Die Erde, Berlin. 104 (1973), S. 157—175.
ALFÖLDY, GÉZA 1974: Stadt, Land und raumordnende Bestrebungen im römischen Weltreich. In: Stadt-Land-Beziehungen und Zentralität als Problem der historischen Raumforschung. Veröf-fentlichungen der Akademie für Raumforschung und Landesplanung, Forschungs- und Sitzungs-berichte 88 (Historische Raumforschung 11), Hannover 1974. S. 49—72.

BALLU, A. 1902: Théatre et Forum de Timgad (Antique Thamugadi). État actuel et restauration. Paris.
BARADEZ, JEAN 1949: Vue-aérienne de l'organisation romaine dans le Sud-Algérien. Fossatum Africae. Paris.
— 1967: Compléments inédits au «Fossatum Africae». In: Studien zu den Militärgrenzen Roms. Vorträge des 6. Internationalen Limeskongresses in Süddeutschland. Köln u. Graz. S. 200—210.
BARTHEL, W. 1911: Römische Limitation in der Provinz Africa. Bonner Jahrbücher, Bonn. 120 (1911), S. 39—126.
BENGTSON, HERMANN 1970: Grundriß der römischen Geschichte. Bd. 1: Republik und Kaiserzeit bis 284 n. Chr.. 2. Auflage (Handbuch der Altertumswissenschaft III. 5. 1.) München.
BERTHIER, ANDRÉ 1951: Tiddis. Antique castellum Tidditanorum. Alger.
— 1965: Établissements agricoles antiques à Oued Athmenia. Bulletin d'Archéologie Algérienne, Alger. 1 (1962—1965), S. 7—20.
— 1968: Nicibes et Suburbures. Nomades ou sédentaires? Bulletin d'Archéologie Algérienne, Alger. 3 (1968), S. 293—300.
BESCHAOUCH, AZEDINE 1967: Municipium Iulium Aurelium Mustitanum. Cahiers de Tunisie, Tunis. 15 (1967), S. 85—102.
— 1968: Mustitana. Recueil des nouvelles inscriptions de Mustis, cité romaine de Tunisie, T. 1. Kar-thago, Paris. 14 (1965—1966), S. 117—224.
— 1969: Uzappa et le proconsul d'Afrique Sex. Cocceius Anicius Faustus Paulinus. Mélanges d'archéologie et d'histoire. École française de Rome, Paris. 81 (1969), S. 195—218.
— 1972: Neferitana. Nouvelles recherches sur Néféris, cité antique de Tunisie (première partie). Africa. Fouilles, Monuments et collections archéologiques en Tunisie, Tunis. 3—4 (1969—1970), S. 121—131.
— 1974: La découverte de trois cités en Afrique proconsulaire (Tunisie): Alma, Ureu et Asadi. Une contribution à l'étude de la politique municipale de l'empire romain. Comptes rendus de l'Acadé-mie des Inscriptions et Belles-Lettres, Paris. 1974, S. 219—234.
— 1975: A propos de récentes découvertes épigraphiques dans le pays de Carthage. Comptes rendus de l'Académie des Inscriptions et Belles-Lettres, Paris. 1975. S. 101—118.
BŒSWILLWALD, E.; CAGNAT, R. et al. 1905: Timgad, une cité africaine sous l'Empire. Paris.
BONNIARD, F. 1934: La Tunisie du Nord. Le Tell septentrional. Étude de géographie régionale. Paris.

CADENAT, P. 1974: La villa berbéro-romaine d'Ain Sarb (département de Tiaret, Algérie). Antiquités Africaines, Paris. 8 (1974), S. 73—88.

CAGNAT, RENÉ 1913: L'armée romaine d'Afrique et l'occupation militaire de l'Afrique sous les empereurs. Paris.

CAILLEMER, A.; & CHEVALLIER, R. 1957: Die römische Limitation in Tunesien. Germania, Berlin. 35 (1957), S. 45—54.

CAMPS-FABRER, H. 1953: L'olivier et l'huile dans l'Afrique romaine. Alger.

CÉBE, JEAN-PIERRE 1967: Une fontaine monumentale récemment découverte à Sufetula. Mélanges d'archéologie et d'histoire. École française de Rome, Paris. 79 (1967), S. 163—206.

CHARLES-PICARD, GILBERT = PICARD, GILBERT CHARLES.

CHEVALLIER, R. 1958 a: La centuriation romaine et la mise en valeur des sols dans le province de l'Afrique. Information géographique, Paris. 22 (1958), S. 149—154.

— 1958 b: Essai de chronologie des centuriations romaines de Tunisie. Mélanges d'archéologie et d'histoire. École française de Rome, Paris. 70 (1958), S. 61—128.

CINTAS, J. 1954: Édifice fortifié à occupation chrétienne dans le Bled et Thala. Karthago, Paris. 5 (1954), S. 203—206.

CINTAS, PIERRE 1970—1976: Manuel d'archéologie punique. T. 1 u. T. 2. Paris.

CONSTANS, L.-A. 1916: Gigthis. Étude d'histoire et d'archéologie sur un emporium de la Petite Syrte. Paris.

COURTOIS, CHRISTIAN 1951: Timgad, antique Thamugadi. Alger.

— 1954: Ruines romaines du Cap Bon. Karthago, Paris. 5 (1954), S. 181—202.

DARMON, J. P. 1968: Neapolis. Fouilles 1965—1966. Africa. Fouilles, monuments et collections archéologiques en Tunisie, Tunis. 2 (1968), S. 271—285.

DÉROCHE, L. 1948: Les fouilles de Ksar Toual Zammel et la question de Zama. Mélanges d'archéologie et d'histoire. École française de Rome, Paris. 60 (1948), S. 55—104.

DESPARMEL, HÉLÈNE 1970: Le théatre de Cillium. Fouilles de 1946. Karthago, Paris. 15 (1969—1970), S. 13—64.

DESPOIS, JEAN 1937: Rendements en grains du Byzacium il y a 2000 ans et aujourd'hui. In: Mélanges offerts à E. F. Gautier. Tours. S. 186—193.

— 1955: La Tunisie Orientale. Sahel et Basse Steppe. 2e édition. Paris.

— 1961: La Tunisie. Ses régions. Paris.

DONAU; LEBŒUF et al. 1903: Notes et documents sur les voies stratégiques et sur l'occupation militaire du sud tunisien à l'époque romaine. Bulletin archéologique du comité des travaux historiques et scientifiques, Paris. 1903. S. 272—409.

EUZENNAT, MAURICE 1972: Quatre années de recherches sur la frontière romaine en Tunisie méridionale. Comptes rendus de l'Académie des Inscriptions et Belles-Lettres, Paris. 1972, S. 7—27.

— 1973: Le castellum Thigensium (région de Metlaoui, Tunisie). Bulletin archéologique du comité des travaux historiques et scientifiques. N. S. 7 (1971), S. 229—239.

— 1977 a: Recherches récentes sur la frontière d'Afrique (1964—1974). In: Studien zu den Militärgrenzen Roms II. Vorträge des 10. Internationalen Limeskongresses in der Germania Inferior. Köln—Bonn. S. 429—443.

— 1977 b: Equites Secundae Flaviae. Antiquités Africaines, Paris. 11 (1977), S. 131—135.

FERCHIOU, NAÏDE 1977 a: Quelques aspects d'une petite ville romano-africaine au Bas Empire: exemple du Municipium Thadduritanum. Cahiers de Tunisie, Tunis. 25 Nos. 97—98 (1977), S. 9—21.

— 1977 b: Note sur deux inscriptions du Djebel Mansour (Tunisie). Cahiers de Tunisie, Tunis. 25 Nos. 99—100 (1977), S. 9—20.

FÉVRIER, J. G. 1965: La constitution municipale de Dougga à l'époque numide. In: Mélanges de Carthage. Offerts à Charles Saumagne, Louis Poinssot, Maurice Pinard. Paris. S. 85—91.

FOUCHER, LOUIS o. J.: Découvertes archéologiques à Thysdrus en 1960. Institut national d'archéologie et arts: Notes et Documents, Tunis. N. S. 4.

— o. J.: Découvertes archéologiques à Thysdrus en 1961. Institut national d'archéologie et arts: Notes et Documents, Tunis. N. S. 5.

— 1958: Thermes romains des environs de Hadrumète. Institut national d'archéologie et arts: Notes et Documents, Tunis. N. S. 1.
— 1964: Hadrumetum. Paris.
— 1966: Note sur une découverte fortuite faite à Henchir bou Chebiba. Africa. Fouilles, monuments et collections archéologiques en Tunisie, Tunis. 1 (1966), S. 131—134.
FREGIEN, WOLFGANG 1951: Das Kroumir- und Mogodbergland im nordtunesischen Küstentell. Jahrbuch der Geographischen Gesellschaft zu Hannover, Sonderheft 5. Hannover.

GASCOU, JACQUES 1972: La politique municipale de l'empire romain en Afrique Proconsulaire de Trajan à Septime Sévère. Collection de l'école française de Rome, 8. Rome.
— 1976: Les curies africaines: origine punique ou italienne? Antiquités Africaines, Paris. 10 (1976), S. 33—48.
GIESSNER, KLAUS 1964: Naturgeographische Landschaftsanalyse der Tunesischen Dorsale (Gebirgsrücken). Jahrbuch der Geographischen Gesellschaft zu Hannover für 1964. Hannover.
GOESSLER, PETER 1940: Tabula Imperii Romani, Blatt Mainz (Mogontiacum). Frankfurt.
GOLFETTO, ARTHUR 1961: Dougga. Die Geschichte einer Stadt im Schatten Karthagos. Basel.
GOODCHILD, RICHARD GEORGE 1950 a: The Limes Tripolitanus II. Journal of Roman Studies, London. 40 (1950), S. 30—38.
— 1950 b: Roman Tripolitania: reconnaissance in the desert frontier zone. Geographical Journal, London. 115 (1950), S. 161—178.
— 1951: Roman sites on the Tarhuna Plateau of Tripolitania. Papers of the British School at Rome, London. 19 (1951), S. 43—77.
— 1954 a: Tabula Imperii Romani, Sheet Lepcis Magna. Oxford.
— 1954 b: Tabula Imperii Romani, Sheet Cyrene. Oxford.
— 1954 c: Oasis forts of Legio III Augusta on the routes to the Fezzan. Papers of the British School at Rome, London. 22 (1954), S. 56—68.
GOODCHILD, RICHARD GEORGE; & PERKINS, J. B. WARD 1949: The Limes Tripolitanus in the light of recent discoveries. Journal of Roman Studies, London. 39 (1949), S. 81—95.
GOZLAN, SUZANNE 1973: La maison de Neptune à Acholla — Botria (Tunisie). Karthago, Paris. 16 (1971—1972), S. 41—99.
GSELL, STÉPHANE 1913—1928: Histoire ancienne de l'Afrique du Nord. Paris. 8 Bände.
GUEY, JULIEN 1937: Notes sur le limes romain de Numidie et le Sahara en IV siècle. Mélanges d'archéologie et d'histoire. École française de Rome, Paris. 56 (1939), S. 178—248.

HURST, HENRY 1975: Excavations at Carthage 1974. First interim report. Antiquaries Journal, London. 55 (1975), S. 11—40.
— 1976: Excavations at Carthage 1975. Second interim report. Antiquaries Journal, London. 56 (1976), S. 177—197.

JANON, MICHEL 1973: Recherches à Lambèse. I. La ville et les camps. II. Aquae Lambesitanae. Antiquités Africaines, Paris. 7 (1973), S. 193—254.
— 1977: Lambèse et l'occupation militaire de la Numidie méridionale. In: Studien zu den Militärgrenzen Roms II. Vorträge des 10. Internationalen Limeskongresses in der Germania Inferior. Köln—Bonn. S. 473—485.
JOLEAUD, L. 1929: L'ancienneté de la fabrication de l'huile d'olive dans l'Afrique du Nord. Revue africaine, Alger. 70 (1929), S. 19—36.

KLÖPPER, RUDOLF 1956 a: Der geographische Stadtbegriff. In: Geographisches Taschenbuch 1956—1957, Wiesbaden. S. 453—461.
— 1956 b: Die deutsche geographische Stadt-Umland-Forschung. Entwicklung und Erfahrungen. In: Raumforschung und Raumordnung, Hannover. 14 (1956), S. 92—97.
KORNEMANN, ERNST 1963/1964: Römische Geschichte. 5. Auflage bearbeitet von HERMANN BENGTSON. Band 1: Die Zeit der Republik; Band 2: Die Kaiserzeit. Stuttgart.

Kotula, Tadeusz 1967: A propos d'une inscription reconstituée de Bulla Regia (Hammam Darradji). Quelques municipes «mystérieux» de l'Afrique proconsulaire. Mélanges d'archéologie et d'histoire. École française de Rome, Paris. 79 (1967), S. 207—220.
— 1974: Snobisme municipal ou prospérité relative? Recherches sur le status des villes nord-africaines sous le Bas-Empire romain. Antiquités Africaines, Paris. 8 (1974), S. 111—132.

Lancel, Serge 1955: Suburbures et Nicibes: une inscription de Tigisis. Libyca. Archéologie et épigraphie, Alger. 3 (1955), S. 289—298.
Lancel, S.; & Pouthier, P. 1957: Première campagne de fouilles à Tigisis. Mélanges d'archéologie et d'histoire. École française de Rome, Paris. 69 (1957), S. 247—253.
Lancel, S.; Deneauve, J.; et al. 1977: Fouilles françaises à Carthage (1974—1975). Antiquités Africaines, Paris. 11 (1977), S. 11—130.
Lassus, J. 1956: Fouilles à Mila — campagne préliminaire. Libyca. Archéologie et épigraphie, Alger. 4 (1956), S. 199—239.
Lehmann-Hartleben, K. 1923: Die antiken Hafenanlagen des Mittelmeeres. Klio, Leipzig. Beiheft 14.
Lepelley, Claude 1967: Déclin ou stabilité de l'agriculture africaine en Basse Empire? A propos d'une loi de l'empereur Honorius. Antiquités Africaines, Paris. 1 (1967), S. 135—144.
Leschi, Louis 1937: Recherches aériennes sur le «limes» romain de Numidie. Comptes rendus des séances de l'Académie des Inscriptions et Belles-Lettres, Paris. 1937, S. 256—262.
Leveau, Philippe 1975 a: Paysanneries antiques du pays Beni-Menacer: à propos des «ruines romaines» de la région de Cherchel (Algérie). Bulletin archéologique du comité des travaux historiques et scientifiques, Paris. S. 8 (1972), fascicule B Afrique du Nord, S. 3—26.
— 1975 b: Paysans maures et villes romaines en Maurétanie Césarienne centrale. (La résistance des populations indigènes de la romanisation dans l'arrière-pays de Caesarea de Maurétanie). Mélanges de l'école française de Rome — Antiquité, Rom. 87 (1975), S. 857—871.
Lézine, Alexandre o. J.: Architecture romaine d'Afrique. Paris.
— 1969: Sur la population des villes africaines. Antiquités Africaines, Paris. 3 (1969), S. 69—82.

Mahjoubi, Amar 1960: Découverte d'une nouvelle cité romaine à Henchir el—Faouar. Comptes rendus de l'Académie des Inscriptions et Belles-Lettres, Paris. 1960, S. 382—391.
Map of Roman Britain 1956: Published by the Ordnance Survey. 3rd edition, 1956. Chessington.
Maurin, Louis; & Peyras, Jean 1971: Uzalitana. La région de l'Ansarine dans l'antiquité. Cahiers de Tunisie, Tunis. 19 Nos. 75—76 (1971), S. 11—103.
Mensching, Horst 1968: Tunesien. Eine geographische Landeskunde. Darmstadt.
Merlin, Alfred 1921: Le fortin de Bezereos sur le limes tripolitanus. Comptes rendus de l'Académie des Inscriptions et Belles-Lettres, Paris. 1921, S. 236—248.
Miller, Konrad 1962: Die Peutingersche Tafel. Neudruck der letzten von Konrad Miller bearbeiteten Auflage. Stuttgart.
Morel, Jean-Paul 1968: Recherches stratigraphiques à Hippone. Bulletin d'Archéologie Algérienne, Alger. 3 (1968), S. 35—84.
— 1969: Kerkouane, ville punique du Cap Bon: remarques archéologiques et historiques. Mélanges d'archéologie et d'histoire. École française de Rome, Paris. 81 (1969), S. 473—518.

Paulys Real-Encyclopädie der classischen Altertumswissenschaft. Neue Bearbeitung, begonnen von Georg Wissowa, fortgeführt von Wilhelm Kroll und Karl Mittelhaus. Stuttgart 1894—1970; München 1972—1978.
Petrikovits, Harald von 1977: Kleinstädte und nichtstädtische Siedlungen im Nordwesten des römischen Reiches. In: Das Dorf der Eisenzeit und des frühen Mittelalters. Bericht über die Kolloquien der Kommission für die Altertumskunde Mittel- und Nordeuropas in den Jahren 1973 und 1974. Herausgegeben von Herbert Jankuhn, Rudolf Schützeichel und Fred Schwind. Abhandlungen der Akademie der Wissenschaften in Göttingen. Philosophisch-Historische Klasse. Dritte Folge Nr. 101. Göttingen. S. 86—135.

PEYRAS, JEAN 1976: Le fundus Aufidianus: Étude d'un grand domaine de la région de Mateur (Tunisie du Nord). Antiquités Africaines, Paris. 9 (1975), S. 181—222.

PEYRAS, JEAN; & MAURIN, LOUIS 1974: Ureu, municipium Uruensium. Recherches archéologiques et épigraphiques dans une cité romaine inédite d'Afrique proconsulaire. Paris.

PFLAUM, HANS-GEORG 1956: Remarques sur l'onomastique de Castellum Celtianum. In: Carnuntina. Vorträge beim internationalen Kongreß der Altertumsforscher. Carnuntum 1955 (Römische Forschungen in Niederösterreich 3), Graz u. Köln. S. 126—151.

— 1959: Remarques sur l'onomastique de Cirta. In: Limes-Studien. Vorträge des 3. internationalen Limes-Kongresses in Rheinfelden/Basel, 1957. (Schriften des Institutes für Ur- und Frühgeschichte der Schweiz 14). Basel. S. 96—133.

— 1970: La romanisation de l'ancien territoire de la Carthage punique à la lumière des découvertes épigraphiques récentes. Antiquités Africaines, Paris. 4 (1970), S. 75—118.

PICARD, GILBERT CHARLES 1947: Acholla. Comptes rendus de l'Académie des Inscriptions et Belles-Lettres, Paris. 1947, S. 557—562.

— 1953: Deux sénateurs romains inconnus. Karthago, Paris. 4 (1953), S. 119—135.

— 1957 a: Das wiederentdeckte Karthago (Übersetzung von: Le monde de Carthage, Paris 1956). Frankfurt.

— 1957 b: Civitas Mactaritana. Karthago, Paris. 8 (1957).

— 1962: Nordafrika und die Römer (Übersetzung von: La civilisation de l'Afrique romaine, Paris 1959). Stuttgart.

— 1966: Le conventus civium Romanorum de Mactar. Africa. Fouilles, monuments et collections archéologiques en Tunisie, Tunis. 1 (1966), S. 65—76.

— 1968: Les thermes de Thiase marin à Acholla. Antiquités Africaines, Paris. 2 (1968), S. 95—151.

— 1969: Le pagus dans l'Afrique romaine. Karthago, Paris. 15 (1969), S. 1—12.

PICARD, GILBERT CHARLES; MAHJOUBI, AMAR; et al. 1963: Pagus Thuscae et Gunzuzi. Comptes rendus de l'Académie des Inscriptions et Belles-Lettres, Paris. 1963, S. 124—130.

POINSSOT, C. 1970: Licinius Rufus. Patronus pagi et civitatis Thuggensis. Bulletin archéologique du comité des travaux historiques et scientifiques, Paris. Nouvelle série 5 (1969), S. 215—258.

POINSSOT, LOUIS 1944: Macomades—Junci. Mémoires de la société nationale des antiquaires de France, Paris. 81 (1944), S. 133—169.

POINSSOT, LOUIS; & LANTIER, R. 1924: L'habitat et les cultures fruitières de la région de Gigthi dans l'antiquité. Bulletin archéologique du comité des travaux historiques et scientifiques, Paris. 1924, S. CXXXIV—CXXXIX.

PRÉCHEUR-CANONGE, THÉRÈSE o. J.: La vie rurale en Afrique romaine d'après les mosaiques. Paris.

QUONIAM, PIERRE 1952: Fouilles récentes à Bulla Regia (Tunisie). Comptes rendus de l'Académie des Inscriptions et Belles-Lettres, Paris. 1952, S. 460—472.

REAL-ENCYCLOPÄDIE s. PAULYS REAL ENCYCLOPÄDIE.

REBUFFAT, RENÉ 1969: Maisons à péristyle d'Afrique du Nord: répertoire de plans publiés, I. Mélanges d'archéologie et d'histoire. École française de Rome, Paris. 81 (1969), S. 659—724.

— 1974: Maisons à péristyle d'Afrique du Nord: répertoire de plans publiés, II. Mélanges de l'école française de Rome—Antiquité, Rome. 86 (1974), S. 445—499.

SALAMA, PIERRE 1951: Les voies romaines de l'Afrique du Nord. Alger.

SAUMAGNE, CHARLES 1929: Les vestiges d'une centuriation romaine à l'est d'El Djem. Comptes rendus de l'Académie des Inscriptions et Belles-Lettres, Paris. 1929, S. 307—313.

— 1934: Ouvriers agricoles ou rôdeurs de celliers? Les circoncellions d'Afrique. Annales d'histoire, économique et sociale, Paris. 6 (1934), S. 351—364.

— 1952: La photographie aérienne au service de l'archéologie en Tunisie. Comptes rendus de l'Académie des Inscriptions et Belles-Lettres. Paris. 1952, S. 287—301.

SCHÖLLER, PETER 1967: Die deutschen Städte. Erdkundliches Wissen, Heft 17. Wiesbaden.

SOYER, JAQUELINE 1973: Les cadastres anciens de la région de Saint Douat. Antiquités Africaines, Paris. 7 (1973), S. 275—296.
— 1976: Les centuriations romaines en Algérie orientale. Antiquités Africaines, Paris. 10 (1976), S. 107—180.

TAUBERT, KARL 1967: Das Sahel von Sousse und seine Randlandschaften. Jahrbuch der Geographischen Gesellschaft zu Hannover für 1967. Hannover.
TEUTSCH, LEO 1962: Das Städtewesen in Nordafrika in der Zeit von C. Gracchus bis zum Tode des Kaisers Augustus. Berlin.
THÉBERT, YVON 1973: La romanisation d'une cité indigène d'Afrique: Bulla Regia. Mélanges de l'école française de Rome—Antiquité, Rome. 85 (1973), S. 274—312.
TISSOT, CHARLES 1884 und 1888: Géographie comparée de la province romaine d'Afrique. 2 Bände. Paris.
TIXERON, J. 1959: Réflexions sur l'implantation ancienne de l'agriculture en Tunisie. Karthago, Paris. 10 (1959), S. 1—50.
TOUTAIN, JULES 1895: Les cités romaines de la Tunisie. Essai sur l'histoire de la colonisation romaine dans l'Afrique du Nord. Paris.
TROUSSET, POL 1974: Recherches sur le Limes Tripolitanus du Chott El-Djerid à la frontière tuniso-libyenne. Paris.
— 1977: Centuriation romaine à l'est d'el Djem. Antiquités Africaines, Paris. 11 (1977), S. 175—207.

VITTINGHOFF, FRIEDRICH 1951: Römische Kolonisation und Bürgerrechtspolitik unter Caesar und Augustus. Akademie der Wissenschaften und der Literatur. Abhandlungen der geistes- und sozialwissenschaftlichen Klasse, 1951 Nr. 14. Mainz—Wiesbaden.
— 1966: Zur vorcaesarischen Siedlungs- und Städtepolitik in Nordafrika. In: Corolla memoriae Erich Swoboda dedicata (Römische Forschungen in Niederösterreich 5). Graz u. Köln. S. 225—233.

Kartenverzeichnis

Atlanten und Kartenwerke

ATLAS DES CENTURIATIONS ROMAINES DE TUNISIE S. PIGANIOL, A.

BABELON, E.; CAGNAT, R.; et al. 1892—1913: Atlas archéologique de la Tunisie (1:50 000). Paris.

GSELL, STÉPHANE 1911: Atlas archéologique de l'Algérie (1:200 000). Alger—Paris.

MAP OF ROMAN BRITAIN 1956: Published by the Ordnance Survey. 3rd edition, 1956. Chessington.

PIGANIOL, ANDRÉ (éd.) 1954: Atlas des centuriations romaines de Tunisie (1:50 000). Paris.

ALGÉRIE 1:200 000. Paris (IGN), 1925—1934.

CARTE D'ALGÉRIE 1:200 000 Type 1960. Paris (IGN), 1960—1964.

CARTE DE L'ALGÉRIE AU 1:50 000ᵉ Type 1922. Paris (IGN), 1922—1951.

CARTE DE TUNISIE AU 1:50 000ᵉ Type 1922. Paris (IGN), 1922—1960.

CARTE DE TUNISIE 1:50 000, Type 1922. Feuilles C, CI, CII, CIX, CX, CXVII, CXVIII. Tunis (Service Topographique) 1960—1963.

CARTE DE TUNISIE 1:50 000ᵉ. Feuilles 148, 149, 159, 160, 170, 171. Tunis (Direction de la Topographie et de la Cartographie) 1966—1970.

TUNISIE 1:100 000. Paris (IGN), 1925—1933.

TUNISIE 1:200 000. Paris (IGN), 1925—1934.

Summary

The study and presentation of cultural landscapes in historical epochs is a branch of historical geography. Along with the written word it is helpful to make use of the map in order, for example, to record thematically those elements which determine the physiognomy of the cultural landscape and which relate to functional processes in it. The attempt has been made to represent on map N15 the Roman cultural landscape as it had developed up to about 300 AD. It is almost certain that at this point of history the cultural landscape of the area covered by the map was fully developed both as regards urban and rural settlements and as regards the cultivation of the olive which, besides being of particular economic importance to much of the area, also dominated the agricultural landscape.

In the drafting of maps dealing with historical geography one is often faced with the problem of selecting those elements implanted in the cultural landscape by man which are to be depicted together on one map, although, not infrequently, restrictions are imposed by source material. The aim of the map in hand (N 15) has been to present a number of significant elements in the cultural landscape which belong together and are to a large extent interrelated in such a way that the user obtains a good overall view of the whole. With this in mind, and especially on account of the source material available, emphasis has been laid on aspects concerning settlements; roads, installations along the *limes*, centuriation and the principle olive-growing areas, all of which, of course, were closely connected with the settlements, complete the picture. For reasons of legibility, it was decided not to include further, locally appearing elements in the cultural landscape such as large aqueducts, irrigation installations, quarries, etc.

The quantity and quality of source material varies as far as the individual elements of the cultural landscape are concerned. Especially in respect of the towns, it can be described as good, or at least satisfactory for the purpose of the map in hand; the same applies to the roads, the installations along the *limes* and, in part, to the centuriation as well as to the extent of olive cultivation. On the other hand, this holds only partly true for the rural settlements, both with respect to the archaeological and epigraphic sources as well as to their exploration by archaeologists — through excavations, for instance — and by historians. Despite the admirable and intensive exploration of the area by French and, later, Tunisian and Algerian scholars, the historical geographer is still frequently confronted with unanswerable questions such as those relating to the areal extent and to the possible form of the various rural settlement types at the point of time chosen for the map.

For the author's representation of rural settlements the following works were consulted: the archaeological atlases "Atlas archéologique de la Tunisie" by BABELON, CAGNAT et al. (1892—1913), "Atlas archéologique de l'Algérie" by GSELL (1911) and "Atlas des centuriations romaines de Tunisie" by PIGANIOL (ed.) (1954); further, the topographical map series 1:50,000, 1:100,000 and 1:200,000 on which the deserted settlements of Roman times are indicated with a special sign (RR). In order to try, as intensively as possible, to verify this data, whose reliability is questioned by a number of authorities, the author undertook two extensive tours of the area concerned. From his findings he concluded that the data entered on the topographical maps under the sign RR proved to be reliable as regards both location and period ("Roman"); apart from a small number of exceptions they referred to the sites of settlements. There still remains, however, a wide field of research to be carried out before detailed statements can be made about the date of foundation, the history, the decline as well as the size and the exact function of a considerable number of rural settlements and before it is possible, for example, to make a definite record of the process of settlement and the cultivation of large parts of the land in Roman times.

The dissemination of the towns and other settlements, their geographical and topographical locations as well as their function are — as far as these are known — only understandable from the development of individual towns and groups of towns and, along with them, the agricultural development of the surrounding land. The development of the settlements, on the other hand, was largely determined by historical events, and, where appropriate, these were referred to. It must be stressed, however, that due to the deficiencies of the sources this could only be done in broad outline.

The most important historical events in the formation of the cultural landscape and therefore of the settlements themselves were briefly the following: the trading voyages of the Phoenicians (from the city of Tyre) from the 12th century BC onwards along the African coast to southern Spain led to the foundation of Utica as the most important port of call between Tyre and Spain and to the establishment of anchorages and trading posts (*emporia*) as bases for coastal shipping. After the 8th century BC Carthago (Carthage)[1], founded probably towards the end of the 9th century BC, took over this trade and during the following centuries established itself as a significant trading nation in the western Mediterranean. On African soil, in what is today North and East Tunisia, it acquired a territory of significant size whose agriculture was intensively developed in the 5th century BC to ensure the supply of agricultural products to the large population of the town. At approximately the same time there was a notable development of *emporia* into towns, as in the case of Hadrumetum, or into larger town-like settlements.

Carthago's armed conflicts with the Numidians and with Rome after the end of the Second Punic War, its destruction in 146 BC and the establishment of the Roman province Africa (Vetus) marked the end of a phase of development which was dominated by Phoenicians and Punians (the Phoenician inhabitants of North Africa).

Adjoining Carthaginian territory in the West and South lay a region under the rule of Numidian kings. Here, too, towns grew up sporadically from the time of the reign of king Masinissa in the first half of the 2nd century BC. In some parts of this region there also followed a notable development in agriculture together with a corresponding development of rural settlements.

1 The spelling of geographical names in this summary corresponds to the spelling used on map N 15. If there is a more familiar English equivalent, this is given in brackets when the name appears for the first time.

Politics also were of importance in the foundation of settlements: of significance were Rome's wars against the Numidians, the conflicts within the political parties of Rome, which were partly carried out on African soil, especially between Caesar and the supporters of Pompeius, and Octavian's acquisition of Caesar's inheritance. The expansion of Roman territory towards the South-West and South which followed, especially under Vespasian and Trajan, led not only to the further development of the towns but also to the putting to use of large areas of land. A period of consolidation in the 2nd and 3rd centuries marked the end of the development of the Roman cultural landscape up to 300 AD.

The Roman towns of North Africa had varying legal status — as *coloniae, municipia,* or as peregrine communities; this had a bearing on the political rights of their inhabitants and also gave a certain indication as to the importance of a town. As far as their physiognomy and function were concerned, however, they were all towns in the geographical sense, since they fulfilled the criteria which modern urban geography regards as being necessary and sufficient preconditions for a settlement to be called a town. They possessed

1. a high degree of uniformity and density of building
2. a relatively large size
3. urban life
4. central functions.

They were also provided with "auxiliary services" such as water supply, sewerage and refuse collection. Furthermore, the area of the town was divided into a centre with public buildings on the one hand and peripheral residential districts on the other. The public buildings were used for administrative and judicial purposes as well as to serve the recreational and religious needs of the urban population and the inhabitants of the surrounding areas. In the "town centre" there were also market halls and streets with shops and artisans' workshops.

The towns possessed territories of varying size on which lay both dispersed and nucleated settlements; for these settlements the town was the central place. The towns also exercised certain functions for the imperial domains, a number of which were situated between the territories of the towns.

In pre-Roman times there already existed a number of towns or town-like settlements in the area controlled by Carthago and the Numidian kings. These were later romanized under Roman rule.

Two attempts at colonization stand out: the first was by Gaius Gracchus, who planned to found a colony on the site of Carthago in 122 BC but failed owing to political resistance, and the second by veterans of the army of Gaius Marius, who settled on Numidian territory beyond the boundaries of the Roman province. In spite of this, however, it was not until Caesar's victory over the supporters of Pompeius right up to the first years of the 2nd century AD that settlement colonies for Roman citizens, chiefly legionary veterans, were founded on a planned basis. These *coloniae* were distinct because of their very regular structure, which is not, or at least only partly, true of the centres of a number of romanized Punian or Numidian settlements which have been excavated.

The development of the towns in North Africa and the support given to them by Rome had, at first, military and political objectives. They served to defend and open up newly-acquired and pacified territory and, in the decades of civil strife before the principate of Augustus, they served to reinforce the political power of men like Caesar and Octavian who settled reliable veterans of their legions there.

From the 1st to the 3rd century AD, slowly gathering momentum under the rule of the Flavians, there followed a policy of stronger assimilation of the native African urban population into the dominant classes of the Roman Empire, a process which resulted from the upgrading of the peregrine communities to municipalities or colonies by successive emperors. Reference is made to this in the treatment of individual towns or clusters of towns.

As a result of favourable economic and political conditions numerous towns of varying size arose. Carthago, newly founded by Octavian, stood out among all the others. The next in importance, Hadrumetum and probably Cirta as well, followed far behind. Most of the towns possessed only modest size and population, although they possessed all the characteristics of a town. The assimilation of the native population into the Roman civilization was also reflected in the physical appearance of the towns, in their public buildings and private houses; what emerged was the typical townscape of the Roman period.

The origins of a considerable number of coastal towns along the north coast, the Gulf of Tunis, the Cap Bon peninsula and along the east coast are to be found in their function as Phoenician-Punian anchorages for coastal shipping.

On the north coast these are Chullu, Rusicade (?), Hippo Regius and Thabraca. Some of these Phoenician-Punian settlements, for example Hippo Regius, had already developed in Numidian times into significant harbours and trading places and probably already possessed urban character. The territory surrounding them was generally well developed and they often had a fertile hinterland such as the Constantine highlands or the basin of the middle course of the Medjerda (Majardah) River. Chullu, which possessed no arable land in the surrounding area, owed its economic prosperity more than anything to the production of purple dye, although it did serve as a harbour as well. While the geographical location of these towns was largely determined by the accessibility of the hinterland through the Atlas range which, for much of the coastline, extends nearly to the sea, their site was determined by the possibility of establishing a sheltered harbour. Since the Romans and Italians settled very early in these coastal towns — a number were settled by Publius Sittius — they acquired relatively early in their history, between Augustus and Trajan, the legal status of *coloniae*. Apart from these four towns very few other larger settlements existed along this stretch of coast and scarcely anything is known of their history, significance or legal status.

In the North-East, in the extended area of the Gulf of Tunis lay the coastal towns of Hippo Diarrhytus, Utica and Carthago. Although all three were of Phoenician origin, their development differed greatly during the course of history and all had a different degree of importance.

Utica, the earliest foundation, soon became the most important anchorage for the Phoenician trading fleet; because of this, it quickly developed into a settlement which was at least town-like. Later it was overshadowed by Carthago, which had been newly founded; it was annexed to Carthaginian territory and thus hindered in its further development. After the destruction of Carthago in 146 BC Utica, which had taken sides with

Rome in the Third Punic War, became, as an *oppidum liberum,* seat of the governor of the Roman province of Africa (Vetus). At a later date which is not definitely known it was forced to hand over this function again to Carthago, which had been refounded by Octavian in 44 BC as a Roman colony. Nevertheless, in 36 BC it received the legal status of a *municipium* and even achieved the rank of a *colonia* under Hadrian. Like Carthago, it enjoyed from the time of Septimius Severus the *ius Italicum,* the highest rights granted to a colony by Rome. Although a rival of Carthago even in Roman times, Utica could claim a certain economic significance thanks to its harbour and fertile hinterland until in the third century the alluviation of the Medjerda led to the sanding up of its harbour.

Carthago occupied a predominant position in large areas of northern and eastern Tunisia even after the Second Punic War. Although this came to an end with its destruction at the end of the Third Punic War, its refounding, finally by Octavian, as a Roman colonial settlement was carried out on such a grand scale, and the town was allotted such a large territory that Carthago quickly developed into the most significant and most populous town of the area and, after Alexandria, the largest in Africa. It was the capital of a rich province, whose borders, however, changed in the course of the Roman period.

In contrast to Utica and Carthago, Hippo Diarrhytus seems to have stagnated in its development, even though veterans were probably settled there by Augustus and despite the fact that the town acquired the legal status of a *colonia.*

Scarcely anything is known for certain about the history and development of other towns situated on or near the coast of the Gulf except for Carpis, a colonial settlement probably founded by Caesar. Situated directly in the sphere of influence of Carthago, this town was probably of no great significance.

Clupea, Curubis and Neapolis, situated on the south-east coast of Cap Bon peninsula, were also colonial settlements of Caesar and Octavian. They developed from pre-Roman harbours or harbour towns which already in Punian times had been important for traffic between Africa and Sicily. Their economy was based chiefly on the cultivation of the olive and other fruits, which had already been developed by the Punians on Cap Bon peninsula. In addition, fishing and the production of *garum* ("fish sauce") may have been of importance in certain parts.

Under Caesar and Octavian the four above-mentioned Julian colonies served above all to safeguard the area under their control against their political opponents and their foundation is to be seen — at least in part — in the context of the party struggles in Rome at the close of the republican period.

To the south of the Gulf of Hammamet, whose coast was hostile to navigation because of its sand-bars and where only two harbours of smallish size existed, lay Hadrumetum, which had been founded by the Phoenicians. In Punian and Roman times it was the most important port and trading town of the Sahel for the export of agricultural products, first of corn and later of olive oil. Due to its economic significance and advanced state of romanization it was granted the rights of a *colonia.* As a result of the imperial reform under Diocletian it became the capital of the new province of Byzacena.

To the south, along the Sahel coasts of Sousse and Sfax, followed a further row of towns with inferior legal status which had in the main developed from Phoenician-Punian *emporia.* Those which, like Hadrumetum, had sided with the Romans in the Third Punic

War, retained — after the fall of Carthago — the immunity of their territory and their self-government as "free towns". Caesar, too, granted favours to those cities which had supported him in his African campaign. It is most likely that this was favourable for their economic development, but nothing can be definitely said about this. The political decisions of the bodies governing these towns were doubtlessly of some consequence for these communities, as is evident from the example of Acholla, which on two different occasions took sides early enough with the future victor.

From among this row of towns, of which the most southerly was Macomades-Iunci, only Thaenae acquired for certain the status of a *colonia* from Hadrian, while the upgrading of Leptis Minor to a *colonia* is still controversial.

The economy of these coastal towns also was based on the agriculture of the surrounding country and hinterland and on trade with agricultural products; from the 2nd century AD onwards this was chiefly olive oil. Besides this, fishing and also sponge fishing may have had a certain importance here and there.

On the 240 km stretch of coast from Hadrumetum to Macomades-Iunci lay 13 towns or town-like settlements (Hadrumetum and Macomades-Iunci included). The distance between them often amounted to only 15 or 20 km. This relatively large density can perhaps be explained by the fact that, as a result of the physical features of the Sahel, the coast was generally easily accessible from the hinterland. Thus, agricultural products could be transported for shipment by the shortest direct route, thereby favouring the development of numerous ports, although these usually had a limited zone of influence.

For a number of towns around the Syrtis Minor (Lesser Sidra), too, the sea voyages of the Phoenicians gave the first impetus for the establishment of a settlement. South of Macomades, at the end of an 85 km stretch of coast which was void of towns, lay Tacapae. Situated at the oasis of Gabès, this town is entered in Roman itineraries as a *colonia*. It is not known, however, when it acquired this status. In Phoenician times an anchorage was doubtlessly established here because of the oasis and in the Roman period the town served as a harbour for the *limes* area. Gightis, which from the middle of the 2nd century AD possessed the rights of a *municipium*, also had its origins in Phoenician-Punian times. The town was probably the administrative centre of the tribe of the Chinitii and enjoyed a degree of prosperity, as the numerous public buildings show.

No information is available about the origins and legal status of the towns on the island of Djerba. The island had been important since the Phoenician period for its production of purple dye, which was probably concentrated in Meninx in Roman times. About the places on or near the coast east of the island of Djerba too little is known to be able to make any statement about their development, although it is conspicuous that even Zitha and Pisida were granted the rights of a *municipium*.

While most of the coastal towns had already begun their development in Phoenician-early Punian times, the development of inland settlements in the North and North-East, the Tell, did not begin until Carthago occupied a predominant position in the area. In the period following Carthago's territorial expansion on African soil in the 5th century BC, numerous closely-knit nucleated settlements sprang up in the uplands and highlands of the North-East and around the middle course of the Medjerda and its tributaries. These were designated as *castella*, whose inhabitants lived from agriculture, but it appears that they also functioned as markets, as in the case of Vaga. In the course of time many of them developed into small towns with self-government on the model of Carthago.

At the end of the Second Punic War in the year 201 BC Carthago, while retaining the whole of its territory on African soil, lost its power completely. Soon afterwards the Numidian king, Masinissa, began a policy of expansion which was tolerated by Rome because Masinissa had been Rome's ally in the final phase of the Second Punic War. Step by step he began to occupy Carthaginian territory; this finally led to the Third Punic War, to the destruction of Carthago and to the establishment of the Roman province Africa. Masinissa was allowed to keep the Carthaginian territory which he had occupied while Rome was satisfied with acquiring the territory remaining to Carthago at the beginning of the war.

When the war against Jugurtha ended in 105 BC, Tripolitania, which had been Numidian until then, was added to the Roman province. The northwestern territories were given to Bocchus, king of Mauretania, for his armed support of the Romans and the original area of the empire which Masinissa had once built up was retained by the Numidians.

The settlements and towns which the Carthaginians had founded in the interior were apparently not greatly affected by these events. Masinissa and his successors, who continually gave strong support to the development of their country's civilization and economy, took over the Punian *castella*. Some towns, for example Bulla Regia, became the residence of individual kings, others became Numidian tribal capitals, as in the case of Thubursicum Numidarum and Thugga. This was not, however, restricted to the area which was once dominated by Carthago; beyond the frontiers of its former territories towns had begun to spring up here and there from the 3rd century BC. Cirta, for example, was the capital and residence of Syphax and of Masinissa.

Finally, probably in 103 BC, the veterans of Marius' army settled along the middle course of the Medjerda on Numidian territory; they established themselves near settlements which already existed, as has been proved in the cases of Thuburnica, Uchi Maius and Thibaris. Although these veteran colonies, founded by Marius with the consent of the Numidian king Hiarbas, were probably towns of the *colonia* type, they were not founded by the Roman state, as was the case with the other *coloniae*. Since a bill making possible the settlement of Marius' veterans was prevented from being passed in the Roman senate, they were set up on Marius' own initiative beyond the frontiers of the Roman province of Africa. Apart from the three places mentioned, Marius' veterans also settled in other locations in Numidia; it is probable that Vaga, Musti and Sicca Veneria numbered among these, although the actual extent of Marius' settlement of his veterans is unknown.

In the struggle between the Populares and Optimates in Africa during the latter part of the 1st century BC, the supporters of Marius and the Numidian king Hiarbas, who was on their side, were defeated by Pompeius in 81 BC. This presumably also had an effect on the settlement of Marius' veterans.

After the destruction of Carthago and the enslavement of most, if not all, of its inhabitants the Romans and the Numidians largely preserved the structure of the settlements which existed in its territory. Nevertheless, the Punian towns, except for the small number of *oppida libera*, lost their immunity as tribute-paying *oppida stipendiaria:* that meant in many cases that they lost a part of their territory; they also had to pay considerable taxes, and finally they were greatly restricted in their self-government.

No official Roman settlement policy existed after the unsuccessful attempt of Gaius Gracchus to found a colony on the site of Carthago. In many areas of the province as well as in the area under Numidian rule there was a spate of spontaneous settlement by Roman citizens in the years 146—46 BC. Many of the settlers were merchants and when their numbers grew sufficiently in one place, they formed a *conventus civium Romanorum*. In the time which followed, this association often had an influence on the development of the towns, since it proved to be the first step towards romanization.

A new phase in the development of the towns began after Caesar's African campaign and his victory in 46 BC over the supporters of Pompeius and their ally, the Numidian king Juba. The greater part of the Numidian kingdom was annexed to the Roman empire as the province Africa Nova. At the same time Publius Sittius, Caesar's ally, had conquered the Numidian king's residence of Cirta with the help of King Bocchus of Mauretania. There he founded the private "colony" of Cirta, which was tolerated by Caesar; its territory took in a considerable part of western Numidia from the uplands south of Cirta to the coast. Besides in Cirta itself, Sittius settled his followers, only a part of whom were Roman citizens, in a number of towns and *castella*. This effectively stimulated the development not only of Cirta and the coastal towns of Chullu and Rusicade but also of Milev, Thibilis, Tiddis and Celtianis. After the murder of Sittius Cirta, along with its territory, was incorporated into the province of Africa Nova. At the same time Octavian settled legionary veterans there and the town then became a Roman *colonia*.

In the North-East the process of colonization began with the refounding of Carthago, which had already been planned by Caesar but was finally carried out by Octavian.

The settlement colony of Carthago was, probably in accordance with Caesar's own plans, provided with a very large territory which included large parts of the area to the south of the middle course of the Medjerda; this region, already settled by the Punians and later by the Numidians, had been intensively developed by its former inhabitants.

After 46 BC, following the political reorganization of the province, parts of the territories of the tribute-paying towns (*oppida stipendiaria*) were allocated to the territory of Carthago as *pagi;* their inhabitants, many of whom were new settlers, were, in terms of legal status, citizens of Carthago. The native population of these towns formed, on the part of the land remaining to them and cultivated by them, a *civitas* of peregrine status. In the course of time the Roman citizens of the *pagi* and the peregrine inhabitants of the *civitates* developed strong cultural and economic relations. In the latter years of the 2nd or in the 3rd century these towns were elevated in rank to municipalities. In the 3rd century some of these towns even acquired the status of *coloniae.* Thugga and Thignica are examples for such a development from *civitas* and *pagus* to *municipium* and *colonia.*

In addition, two colonies were founded in the North of the province Africa Vetus by Octavian for veterans of his eighth and thirteenth legions: Thuburbo Minus and Uthina respectively. Besides in these closely-knit veteran colonies, groups of retired legionary troops were also settled in already existing towns, for example in Simitthus, Thuburnica, Cirta and presumably in Sicca Veneria, too. When this happened, the towns were granted the legal status of a *colonia.* Musti, on the other hand, where veterans had probably already settled under Marius and where veterans were settled again under Caesar and Octavian, acquired the status of a *municipium.*

By settling numerous Roman citizens in this area, Caesar and Octavian (who later became known as Augustus) strove not only to provide for their veterans and other Roman citizens but also to protect their territory (a large part of which they had newly acquired) against enemies inside and outside the borders and also against political rivals in Rome.

Despite these measures the number of *coloniae,* i. e. the towns which were chiefly, if not wholly, populated by Roman citizens, remained insignificant. The great majority of towns, originating in pre-Roman times, were mainly inhabited by *peregrini.* These *civitates* were of inferior legal status, which often had an adverse effect on their economy. Generally speaking, their inhabitants readily accepted Roman civilization and particularly the leading families of these communities strove to obtain, with a certain degree of romanization, the advantages of the legal status of a *municipium* or eventually, that of a *colonia.*

This was easier when the town was already an *oppidum liberum* and when besides the peregrine population a number of Roman citizens had settled and a *conventus civium Romanorum* existed, then this usually led to a more rapid romanization of the community, which was a precondition for the granting of municipal status.

In a small number of cases under Vespasian and somewhat more often under Trajan and Hadrian, peregrine towns were granted municipal status and, in rare cases, later the status of a *colonia.*

Bulla Regia, for example, which had been the residence of Numidian kings in the first half of the 1st century BC, was an *oppidum liberum* after 46 BC; it was upgraded under Vespasian to a *municipium* and under Hadrian to a *colonia.* In contrast, Thuburbo Maius developed at a slower pace, acquiring under Hadrian the status of a *municipium* and under Commodus that of a *colonia.* Bisica Lucana, finally, became a *municipium* under Hadrian and later a *colonia,* although it is not known at what date. Also unknown are the relevant data for Colonia Vallis. Mactaris, on the other hand, originated in Numidian times; although an important town from an early date, it was still a peregrine community in 169 AD and did not acquire the status of a *colonia* until the joint rule of Marcus Aurelius and Commodus.

The great majority of *civitates* which did achieve the rank of a *municipium* did not do so until under Commodus and, more especially, under the Severians. Apart from the examples mentioned, only very few achieved the status of a *colonia.*

This course of development, as described for the inland towns of the North and North-East, also applies to the regions of the Tell, i. e. the western highlands with the mountains of Constantine, the basin of the middle course of the Medjerda and the surrounding high country, the hinterland of the Gulf of Tunis, the basins and plateaus (the so-called High Tell) north of the Tunisian Dorsale, and, finally, the central and north-eastern areas of the Dorsale. Some of these areas with favourable conditions of rainfall were settled very early and quite densely, too. The towns, which were generally of small size, often lay very close together with less than 10 km between them, which can be clearly seen by the density of the entries on map N 15. Moreover, by no means all the *civitates* which existed at about 300 AD were mapped, firstly because the possibilities of presentation were limited by the given scale of the map if it was to remain legible, and secondly because even without these the aim of the presentation — to show the density of the towns in these areas — was considered to have been achieved.

As a result of this large density the individual towns frequently possessed only a small amount of territory. Nevertheless, many of them appear to have developed favourably, a fact which can often be concluded from the remains of their buildings. Generally speaking, their economy was based on agriculture, emphasis being laid on the production of corn or olive oil; trade with these products and occasionally other agricultural products such as wine or fruit was also of significance. In addition, livestock was of importance, which is evident among other things from scenes depicted on mosaics. In some regions horse-breeding was especially important.

South of the Tell — in the eastern uplands of the Chott and its outlying areas, in the mountains of Tébessa, in the high steppes to the South of the south-western and central Tunisian Dorsale, in the low steppes which taper off to the East and in the eastern hinterland of the coast (the Sahel) — towns were sparsely scattered. Here, only a very few originated in pre-Roman times or developed on the sites of pre-Roman settlements. In the case of Madauros and Theveste, for example, it is very questionable whether they possessed urban character in pre-Roman times. In all the areas listed above it is unlikely that towns with genuine urban character existed before Roman times.

The impetus for their development was given by the reinforcement and expansion of Roman power in the southern and south-western interior, which was chiefly begun by Vespasian and continued by Trajan.

At the close of the rule of Augustus, Ammaedara, situated in the uplands north of the Tunisian Dorsale, was the headquarters of the only legion stationed in Africa, the Legio III Augusta. This was transferred under Vespasian to Theveste in 75 AD, and probably at the same time a veteran colony was founded at Ammaedara, which besides providing for retired soldiers may have served to watch over the territory of the Musulames, who were possibly still unreliable. After the dangerous revolt of Tacfarinas, which lasted seven years (17—24 AD), Rome possibly did not want to take any risks in the territory of this tribe and Vespasian founded a veteran colony near their tribal capital, Madauros. Since the land for both colonies was confiscated from the Musulames, the economic power of this tribe, probably still nomadic at that time was weakened and it was presumably forced to adopt sedentary life. Finally, probably under Vespasian, a smallish veteran settlement was established in Diana Veteranorum in the far South-West; this, however, did not have the status of a *colonia*. Here, a first step was made towards expansion to the South-West and towards a stronger control of southern Numidian tribes, which up to that point had held on resolutely to their nomadic way of life.

In 81 AD, under Titus, the 3rd Legion was moved to Lambaesis and stationed in the so-called Eastern Camp; at first only one *vexillatio* was stationed there until, in the year 100 AD, under Trajan, the whole legion was transferred from Theveste to the large headquarters in Lambaesis. At about the same time the veteran colony of Thamugadi sprang up and after the withdrawal of the 3rd Legion from Theveste, a veteran colony was established there also. Diana Veteranorum was finally granted the status of a *municipium* by Trajan.

Both the transfer of the legion and Trajan's founding of colonies in what was then the border area served, together with the first auxiliary forts along the Numidian *limes,* to safeguard the hinterland against the nomads and, partly, to force them to adopt sedentary life. They also kept watch over the mountain population of the Aurès. These measures enabled a larger density of settlement and facilitated the agricultural use of large areas of land.

In the course of time two urban settlements emerged: one developed out of the camp village near the East Camp at Lambaesis, the other sprang up by Verecunda, a veteran village. Lambaesis, the more important of the two, acquired the status of a *municipium* under Marcus Aurelius and between 238 and 253 AD achieved the rank of a *colonia.* Verecunda, which lay barely 2 km north-east of Lambaesis, developed less favourably and remained a *municipium;* it must have acquired this status at the latest under Septimius Severus. A few other small towns in this area should be mentioned: Lambaridi, Casae, Mascula all achieved in the course of their development the legal status of a *municipium,* which speaks for a certain degree of economic prosperity in this area.

In the region of the high steppes south of the Tunisian Dorsale the effects of Vespasian's and Trajan's policies are also discernible from inscriptions found, although these are unfortunately sparse. Sufetula was upgraded, probably by Vespasian, to a *municipium,* while Cillium probably did not achieve this rank until Trajan's rule. Thelepte was founded by Trajan as a colony for his veterans. Sufetula and Cillium also achieved the status of a *colonia* in the 3rd century. Sufes was granted the status of a *colonia* either under Marcus Aurelius or under Septimius Severus. Nothing certain can be said about the early development of these towns. GASCOU (1972) tends towards the assumption that military bases existed near Sufetula before the Flavian dynasty and near Cillium and Thelepte during the Flavian dynasty.

This assumption appears to the author to be supported by the geographical locations and sites of these towns, which have several things in common: they are all situated either on or near more or less wide corridors between mountain ranges which are in parts very difficult to cross; these corridors offered easy access from the arid regions in the South to less arid or relatively humid areas in the North. Sufetula, Cillium and Thelepte also have in common their site on alluvial terraces.

The common factors in their location and the almost exact distances between them, roughly 30 km, seem to suggest, going beyond GASCOU's (1972) assumption, that originally an early *limes,* or a part of one, existed here. After the suppression of the revolt of Tacfarinas, this *limes* would have had the function of keeping watch over the territory of the Musulames as well as that of controlling the wanderings of the herds of nomadic tribes, which at that time very probably extended far north. In fulfilling this function it would have protected the settlements of the sedentary population against nomad attacks.

Striking is the fact that, besides the four *coloniae* mentioned, virtually no other towns have become known in this area, even though the region was economically well developed as a result of the cultivation of the olive tree and though the density of agricultural settlements there was considerable. It is true that a number of settlements of relatively large size have been found, but their Roman names are still unknown and they appear to have been *vici* (boroughs) rather than towns.

Conspicuous, too, is the scarcity of towns in the area sloping down to the coast and in the immediate hinterland of the coast (the Sahel of Sfax and of Sousse). It is all the more difficult to understand since large areas of the region were intensively used for olive growing and numerous dispersed settlements and hamlets were to be found there. Large parts of this land possibly belonged to imperial Roman domains which would explain the presence of domain procurators in Hadrumetum and Leptis Minor; as a result of this, no towns developed. Until better source material for these areas is available no statement can be made about settlement development.

The only significant town, Thysdrus, was already at the middle of the 1st century BC an important trading post for corn. It subsequently became an *oppidum liberum* and was probably upgraded by Septimius Severus before 198 AD to a *municipium,* Later it acquired the status of a *colonia.* When olive cultivation was increasingly taken up, its wealth derived from trade in olive oil. The small town of Bararus also profited from this and in later times became a *municipium.*

In the same way as Tacapae had sprung up near the oasis of Gabès not far from the coast, a settlement of some size also developed in pre-Roman times near the oasis of Gafsa. Capsa, rebuilt after its destruction in the war against Jugurtha, was upgraded by Trajan to a *municipium.* At a later date, which is still unknown, it acquired the status of a *colonia.* Turris Tamalleni, situated in the region of the Nefzaoua oases and tribal capital of the Nybgenii was granted the status of a *municipium* by Hadrian. Out of the camp village of the *limes* fort Badias, founded under Trajan, an urban settlement developed which acquired municipal rights at an unknown date. The *civitas* Thiges, about the development of which nothing is known, completes the list of urban settlements in the Numidian *limes* area; in the Tripolitanian *limes* area no towns developed.

Besides the towns there were also non-agricultural nucleated settlements of small size, the *vici,* a term which is best translated by "borough" (French: *bourg, bourgade*). They formed a particular type of settlement and possessed communal self-government. They have therefore been entered on map N 15 with the same symbol and lettering as the towns of inferior legal status when their names are known with the adjunct *vicus* or *aquae* and where it is presumed that these were not rural nucleated settlements. It is likely that the "large settlements of unspecified type and status" which appear on the map were also chiefly *vici.*

Towns and boroughs dominated the face of the cultural landscape only locally. On the other hand, the rural settlements, because of their large numbers, were of considerable significance for the cultural landscape over a large surface of the areas which were suitable for arable farming and arboriculture. They were either dispersed settlements, *villae rusticae* of varying size or nucleated agricultural settlements of hamlet or village character.

From the available material it is impossible to work out the distribution of the various rural settlement types in the area covered by map sheet N 15. Similarly, it is impossible to represent the chronological development of settlement in the rural areas in map form. In order to represent the rural settlements on the thematic map at all, the only possibility which remained was to attempt to record the density of the whole of the rural settlements (including the *villae urbanae*). But even this has a great drawback. Only in rare cases are the length of existence and the history of a settlement known. Knowledge of the latter is important since occasionally the temporary abandonment of a settlement must be reckoned with. The question which presents itself here — that of whether all known rural settlements existed simultaneously at the turn of the 3rd century AD — is thus unanswerable.

As a working hypothesis, therefore, it is presumed that the number of deserted settlements recorded on the maps which have been examined corresponds to the number of rural settlements existing around 300 AD. The grounds for this hypothesis derive from the following considerations: as LEVEAU (1975 a) and PEYRAS (1976) have established, by no means all the deserted settlements discovered up to present by aerial photographs or by inspections of the area on foot are recorded on the topographical maps or in the archaeological atlases. The author's own observations on the ground similarly brought to light, in other areas, hitherto unrecorded sites of settlements. Since the entries "ruines romaines" on the topographical maps are not based on any systematic archaeological survey of the region, this is not surprising. Thus the number of deserted settlements recorded on the topographical maps pertains only to a certain, presumably rather high, percentage of all Roman rural settlements actually existing at that time. Certainly, not all of the recorded deserted settlements were settled around 300 AD. On the other hand, it can be assumed that the derelict places of a number of settlements which actually existed around 300 AD have not yet become known. Therefore it is perhaps permissible to suppose that these errors cancel each other out.

The observations of TROUSSET (1977, pp. 203—204) on the development of the cultural landscape and the continuity over a long period of both the rural nucleated settlements and the small isolated farms in the area between Thysdrus and the east coast supports the above-mentioned hypothesis. The same applies to the statement of DESPOIS (1955, p. 107) that the expansion of olive cultivation continued into the 4th century.

In areas where as a result of political unrest after 238 AD settlements had been abandoned in places the damage was at least partly put right before the end of the 3rd century, as PEYRAS (1976, p. 205) established at the site of the *fundus* Aufidianus (south of Matera). It can be assumed that the restoration of abandoned agricultural lands and farms was the rule rather than the exception. This is also borne out by the fact that the towns themselves, whose economic basis was agricultural production, were still flourishing around 300 AD, even if a certain decline in the prosperity of the townspeople occurred here and there in the course of the 3rd century.

Using the above hypothesis, the average density of settlement was determined. The places of settlement shown on the topographical maps were counted in squares which had sides of 10 km length and which covered the whole area, although land which was unsuitable for settlement was taken into account. From the resulting figures a scale was chosen which represents the following densities per $100 \, km^2$: $\leqq 5$, $>5—10$, $>10—20$, $>20—30$, $>30—40$, >40 settlements. The arrangement of the density figures made this graduation seem useful and practical.

The result of the count produced a number of quite saturated regions with the same density of settlement, in which here and there small areas of different density were scattered. The question arose of whether and, if so, to what degree these small areas with greater or lesser density correspond to the facts. Do they really reflect the conditions existing at that time? Or are they to be attributed to particularly well preserved traces of settlements, or perhaps to more exact observations? Or, on the other hand, are they possibly based on incomplete observations? These questions cannot be answered since no systematic archaeological survey of the region has been carried out. The only alternative, therefore, is to accept the information on the topographical maps.

The density of rural settlements in the various parts of the region is to be seen on map N 15. The factors which led to the variation in density are quite certainly attributable to both the physical geography and the history of the region. Since its history is only known in broad outline, however, no definite statement can be made about the circumstances under which the variation in density arose.

A further problem arises in the attempt to mark off the permanent settlements from the desert steppe, especially since no intensive investigation of the rural settlements in the *limes* areas has yet been undertaken. On map N 15, therefore, in the western and eastern areas of the *limes,* the line of demarcation roughly follows the course of the outermost military encampments. Some of them, which can be considered to be advanced observation posts, remained beyond the boundaries of areas containing rural settlements. It is debatable, of course, whether this boundary, especially along stretches of the Tripolitanian *limes,* would not have been better drawn 10 or 20 km further to the north or east, as the case may be. It was also decided not to enter on the map the border of the zone with romanized rural settlements, which, like a narrow tongue, projects into the south-western Nefzaoua area towards Rhidma. This is because the evidence hitherto available from archaeological finds seems too unreliable.

The "immediate *limes* area" at about 300 AD can be considered to be the 40—60 km wide area which stretched between the southern slopes of the Aurès, the Nementcha mountains and, to the south, the mountain range from Djebel Madjour to Djebel ez Zerf and, again southwards, from Djebel Morra to Djebel el Asker on the north side and the northern edges of the Chott on the south side. Its length from West to East amounted to over 300 km in the area covered by the map. Since the beginning of the 2nd century AD it had been the eastern section of the Numidian *limes,* which in the East stretched as far as south of Chott Djerid and Chott el Fedjad. Here, Turris Tamalleni, the Nefzaoua oases and the northern foothills of Djebel Tebaga also belonged to it.

South of Turris Tamalleni the "immediate *limes* area" ran, with a breadth of 25—70 km, first in a Northwest to Southeast and then in a North to South direction. It comprised the corridor between Djebel Tebaga and Djebel Melab, the Matmata mountain range where it tapers off to the West to the eastern edge of the Erg and, further south, the whole area of the south Tunisian scarpland from its eastern pediment as far as the Erg in the West. This section was a part of the Tripolitanian *limes* and had a length of approximately 250 km.

Few excavations of settlements in the "immediate *limes* area", whatever their type, have been undertaken, and no extensive diggings with modern techniques have been carried out. Our knowledge of these settlements up to the present is chiefly based on the examination of structural remains visible on the surface, on finds of inscriptions, on the collecting of pottery sherds and other small finds as well as on aerial photographs. Therefore, despite the valuable work of Trousset (1974) and Baradez (1949), a detailed representation of the settlement and military history of the whole *limes* area is not yet possible. It is also impossible to make any statement about the distribution and nature of the various settlement types and other habitations for any given period. As a result, a greater differentiation was not to be achieved on the map and the only distinction made in the symbols was between large and small fortified sites in the *limes* area.

In this context the question is important as to whether the military organization of the *limes,* inferred from the Notitia Dignitatum for the time around 428 AD, was valid as early as 300 AD. It is quite possible that in Africa this organization had largely come into being at the time of Diocletian's administrative and military reforms (BARADEZ 1949, p. 137). This assumption is borne out by the fact that the locations of the *praepositi* named in the Notitia all apparently existed around 300 AD, and some even much earlier, as important garrisons or as large settlements.

This was taken into account in the use of the map symbols which were chosen not only according to the size of the military installations but also to their function. It is true that, generally speaking, their size corresponded to the importance of their function, but this does not apply in every case; there are also cases where the installations, presumed to be military, have not been localized as yet, for example near Aggarsel Nepte. Thus, each place which the Notitia names as a residence of a *praepositus limitis*, a high military authority, is entered as a "large fortified site". The same symbol was used for those military settlements in the Numidian *limes* area which were held by BARADEZ (1949, pp. 145—148) to be further, important command posts. Djenndel was ascribed to this group by the author, since its location largely corresponded to that of Mdila and Thiges. The fortlets, *centenaria, burgi,* and watch-towers were entered with the symbol for "small fortified sites". Since by no means all "small fortified sites" could be included on map N 15, the attempt was made to give an impression of the characteristic features of their distribution.

The term "immediate *limes* area" begs the question as to what is the "extended *limes* area", which could also be referred to as the "immediately adjoining *limes* hinterland". It comprised the area to the North or East, as the case may be, of the zone referred to above as the "immediate *limes* area". Our knowledge of the military settlements and installations in this area, however, is so incomplete up to present that it was decided not to record military settlements which have been discovered here and there and which probably existed in 300 AD. Even the legionary fortress Lambaesis, situated in the *limes* hinterland was given no special symbol besides that of a *colonia,* since the question of its military significance in 300 AD has not been satisfactorily answered.

The military settlements — legionary fortresses as well as auxiliary forts and fortlets, etc. — served as protected housing for troops. The task of the units stationed in them was to protect the population of the *limes* area and hinterland against enemy attacks and to keep watch over unreliable groups such as nomadic tribes. These tasks determined in each case the nature and distribution of the units and, also, the size and the location of the auxiliary forts.

In the Numidian *limes* area lay "control posts", frequently near routes through the eastern foothills of the Saharan Atlas range where the nomads coming from the South or South-West entered the settled land. Examples for this are the forts of Badias, Mdila and Ad Maiores. Bezereos had a similar location along the Tripolitanian limes. Talalati and Tillibari (Remeda), on the other hand, lay to the East of the cuesta where the routes from

West to East through the Dahar opened out into the quite densely settled region of Djeffara.

The military settlements which existed at about 300 AD were of widely varying size
and had arisen at different times. Some of them had already been established in the course
of the forward extension of the provincial borders at the turn of the 1st century; the auxiliary fort of Ad Maiores, established under Trajan in the year 105 AD, is an example of
this. Badias and the smaller Ad Medias were probably also built under Trajan. Since a road
was constructed from Capsa to Turris Tamalleni under Trajan's rule, a military base must
have been established near the latter at that time, although there is no archaeological evidence to prove this as yet.

Probably under Emperor Hadrian an extension of the limes southwards was undertaken with the establishment of the auxiliary fort Tillibari. Whether between Turris
Tamalleni and Tillibari, which lay approximately 250 km from each other by road, any
further military settlements were established under Hadrian is a question which, in the
author's view, cannot as yet be answered definitely. According to the material up to now
available, however, the extension of the Tripolitanian *limes* was not started until the end of
the 2nd century under Commodus.

Since many questions are still unsettled regarding historical dates, map N 15 can only
give an approximate picture of the entire military settlements existing at about 300 AD.
Occasionally, places have also been recorded which did not come into being until some
time afterwards.

The defence system represented by the military settlements was completed by the fortified farms of the *limitanei*. In the main, these were members of the native population who
were more or less romanized and who had been brought to adopt sedentary life; from the
middle of the 3rd century, and even more so in the 4th century AD, they were settled by
the Roman state as border troops. A considerable number of their settlements have been
discovered, especially in the Tripolitanian *limes* area. They were dispersed settlements or
small hamlets of two to four loosely arranged farms. In their ground plan and elevation
they closely resembled the tower-like military *centenaria* or *burgi*. From the remains of the
buildings which are still visible on the ground today it is often impossible to say in individual cases whether a deserted site represents the remains of a fortified farm or a *centenarium* (*burgus*).

Near the auxiliary forts camp villages grew up, some of which served the needs of the
garrison and also as markets. In the South they may have also been stopping places for
caravans which were travelling through. It was not only near forts, however, that large
settlements of civilians developed. As aerial photographs show, nucleated settlements existed in the immediate *limes* area south of the eastern Aurès range as well as south of the
Nementcha mountains; these were based on farming (the land being irrigated) and are
sometimes referred to as "villes" or "gros bourgs" by French authors. The majority of
them must have existed at about 300 AD.

Besides the military settlements and the fortified farms of the *limitanei*, linear installations, consisting of a ditch with a stone or earthen wall beyond it, were erected to protect
and control large stretches of the frontier and certain routes through the border area,
which the nomads no doubt used with preference.

Where these lines of fortification ran over rocky terrain, such as in the mountains or on mountain slopes a wall was erected from the available stones on the ground beyond the ditch (*fossatum*) and was separated from this by a berm. Where they ran through an area with a strongly weathered surface or covered with alluvial soil, the soil removed to build the ditch was heaped up to form a wall. Besides the ditches with their stone or earthen walls, which stretched for many kilometres, there were also, on certain important routes through the mountains, short fortifications, so-called *clausurae*.

The dating of these installations is difficult and in some cases only possible within large margins of error, due to the absence of inscriptions. It is, however, quite certain that they were built at different dates approximately between Hadrian's rule and the 4th century. Despite this uncertainty, all the linear *limes* installations which are known up to present have been included on map N 15, even though they may not have been built until the beginning of the 4th century, as in the case of the installations along the Tripolitanian *limes*.

An important factor in the development of the cultural landscape was land surveying (centuriation). This was carried out at different times in the area covered by the map, although the objectives of individual surveying systems varied somewhat.

On map N 15 only the areas of the centuriation in modern East Tunisia could be represented as they appear in the "Atlas des centuriatons romaines de Tunisie" (PIGANIOL 1954). They comprise three different surveying systems of varying age. Traces of centuriation have been found here and there in other parts of Tunisia, but the sources were not sufficient to justify representation of these on the map. The centuriations took place between the end of the 1st century BC and the end of the 1st century AD. The study of centuriation in eastern Algeria by SOYER (1976) appeared too late to be adapted for inclusion on map N 15. Here, too, several surveying systems existed.

In large areas of the country both the main surveying lines as well as parcellation covered almost the whole surface of the area, irrespective of the terrain, and included hills and mountains. In other areas, for example in eastern Algeria, mountains, marshes and wooded areas were excluded to a greater extent.

Centuriation — and, linked with it, the introduction of a land-register — served to register the land for the purpose of raising land tax. Furthermore it facilitated a planned allocation of land to veterans and to groups of the Roman urban population who were settled in newly-founded colonies. For the granting of tenures on imperial domains, too, centuriation proved itself as a valuable basis for the regulation of tenancies.

In addition, the structures evolved by land surveying left their mark everywhere on the composition of the agricultural landscape — on the form and size of properties and cultivated parcels of land, on the network of lanes, on the development of walls and balks which formed the boundaries of farms, etc. In many cases such structures had an influence on certain features of the landscape for centuries and even today, in the present cultural landscape, they are visible in certain places.

Besides centuriation, the agricultural use of the land was of significance for the physiognomy of the cultural landscape — as wheat fields, as groves, as land for vine cultivation and also as temporary or permanent pasture land. Except for the cultivation of the olive only general statements can be made about the regional and local distribution of the individual products which were cultivated. From the archaeological sources available Camps-Fabrer (1953) has determined those parts of the land in which olive growing appears to have played a particularly important role. The information given by her has been included on map N 15, but it must be stressed that the "principal olive-growing areas" were not areas of olive monoculture.

Although at first the production of wheat — to feed the inhabitants of Rome — was the overriding economic aim of Africa, the production of olive oil gained pre-eminence in the course of the 2nd century AD and even more so from the beginning of the 3rd century. The cultivation of trees, chiefly olive trees, was encouraged by legislative measures, and arboriculture flourished widely in areas which, for climatic or edaphic reasons, were less suitable for corn growing. The increasing exploitation of the land also had a great effect — as has often been stressed — on the development of the towns and other settlements and was, therefore, of great significance for the development of the cultural landscape.

Résumé

L'étude et la représentation des paysages culturels d'époques historiques constituent une branche de la géographie historique. Il convient ici de se servir autant des cartes que des textes, pour, par exemple, saisir sous une forme thématique des éléments déterminant la physionomie du paysage culturel et liés à des processus fonctionnels au sein d'un tel paysage. On a tenté, avec la carte N 15, de représenter le paysage culturel romain, tel qu'il se présentait autour de l'an 300 après J. C.. Un tel paysage devait être pleinement développé dans la zone géographique de la carte, autant en ce qui concerne la vie urbaine et les agglomérations rurales que la culture des oliviers, laquelle marquait largement le paysage agricole de cette époque et constituait un secteur particulièrement important, sur le plan économique, pour de larges parties de cette zone géographique.

Dans le cadre d'une telle tentative de réalisation de cartes historico-géographiques, la question se pose souvent de savoir quels sont les éléments du paysage culturel créés par l'homme, devant être regoupés au sein d'une même carte, les sources d'information limitant en outre, souvent, une telle recherche. On s'est efforcé avec la présente carte N 15 de représenter un certain nombre d'éléments essentiels du paysage culturel, ayant un lien entre eux et influant largement les uns sur les autres, de telle sorte que l'utilisateur obtient un aperçu visuel aisément saisissable de ces données. Il est ainsi apparu particulièrement intéressant, compte tenu également des sources d'information, de s'attacher essentiellement à la description de la situation des agglomérations, la représentation des routes, des installations de Limes, des centuriations et des principales régions de la culture d'oliviers, qui étaient étroitement liées à la vie des agglomérations, venant compléter le tableau représenté. Pour des raisons de lisibilité de la carte, on a renoncé à représenter d'autres éléments du paysage culturel intervenant localement, tels que, par exemple, les grandes conduites d'eau, les systèmes d'irrigation ou encore les carrières de pierre, etc.

Les possibilités de sources d'information varient en fonction des différents éléments du paysage culturel. Alors qu'on peut les considérer comme bonnes ou encore satisfaisantes pour l'objet de la présente carte en ce qui concerne les villes ainsi que les routes, les installations du Limes, en partie les centuriations, et l'étendue des cultures d'oliviers, il n'en est pas vraiment de même pour les agglomérations rurales. Ceci est autant valable pour les sources archéologiques et épigraphiques que pour leur exploration par des archéologues et des historiens, par exemple, dans le cadre de fouilles. En dépit des admirables recherches intensives et approfondies de la région par des érudits français, puis également tunisiens et algériens, le géographe historique se trouve encore souvent confronté à des questions sans réponses, telles que, par exemple, celle de l'étendue en superficie et des formes éventuelles des diverses agglomérations rurales à l'époque traitée pour la carte.

L'auteur s'est référé pour la représentation choisie de la situation des agglomérations rurales aux ouvrages suivants: l'«Atlas archéologique de la Tunisie» de Babelon, Cagnat et al. (1892—1913), l'«Atlas archéologique de l'Algérie» de Gsell (1911) et l'«Atlas des centuriations romaines de Tunisie» publié par Piganiol (1954); par ailleurs, aux cartes topographiques 1:50 000, 1:100 000 et 1:200 000, sur lesquelles un signe conventionnel particulier (RR) indique les agglomérations désertées de l'époque romaine. L'auteur a tenté de vérifier le plus intensément possible la fiabilité de ces indications (RR) mises en doute par nombre d'experts, en effectuant deux voyages étendus dans la zone de travail. Il en arriva ainsi à la conclusion que les mentions (RR) sur les cartes topographiques s'avèraient fiables autant en ce qui concerne l'emplacement géographique que l'époque («romaine»), et qu'elles indiquaient bien, à de rares exceptions près, des lieux d'agglomérations. Un large champ de recherches reste, néanmoins, encore à traiter avant de pouvoir fournir des indications plus détaillées sur les dates de fondation, l'histoire, la fin ainsi que les dimensions et la fonction exacte de nombre d'agglomérations rurales, et, partant, établir des données sur le processus de peuplement et d'acculturation de larges parties du pays à l'époque romaine.

L'étendue, la situation géographique et topographique, et la fonction des villes et autres agglomérations ne sont compréhensibles — dans la mesure ou l'on puisse d'ores et déjà fournir quelques indications plus précises — qu'à partir de la genèse des différentes villes et groupes de ville, ainsi que du développement agricole des régions lié à celui de ces agglomérations. La genèse des agglomérations fut, de son côté, fortement déterminée par les évènements historiques, d'où la tentative, à chaque fois, de se référer à de tels évènements. Il convient néanmoins de souligner que, compte tenu des sources d'information, ces mentions historiques ne purent être réalisées que de façon sommaire.

Les évènements historiques les plus importants pour la genèse du paysage culturel et, partant, également des agglomérations, furent, brièvement, les suivants: les navigations commerciales des Phéniciens (Tyr), depuis le 12ème siècle avant J. C., le long des côtes africaines en direction du sud de l'Espagne, menèrent à la fondation d'Utica en tant qu'escale essentielle entre Tyr et l'Espagne, ainsi qu'à l'édification de places commerciales et portuaires (Emporia) servant de base pour la navigation côtière. Après le 8ème siècle avant J. C., Carthago, vraisemblablement fondée vers la fin du 9ème siècle avant J. C., reprit cette activité commerciale et établit, au cours des siècles qui suivirent, un important empire économique en Méditerranée occidentale. Sur le sol africain, elle acquit dans la région de l'actuelle Tunisie du nord et de l'est un important territoire, qui fut soumis à un développement agricole intensif au 5ème siècle avant J. C. afin d'assurer l'approvisionnement en produits agricoles de la nombreuse population urbaine. On assista, quasiment au même moment, à un développement plus intense de maintes Emporia, qui devinrent des villes, comme dans le cas de Hadrumetum, ou de grandes agglomérations de type urbain.

Les luttes de Carthago contre la Numidie et contre Rome à la suite de la 2e guerre Punique, sa destruction en l'an 146 avant J. C., et la création de la province romaine d'Afrique (Africa Vetus) achevèrent la phase de développement déterminée par les Phéniciens et les Carthaginois.

Dans la zone de domination des rois numides, contiguë à l'ouest et au sud à la région carthaginoise, on assista également, à partir de l'ère du gouvernement de Massinissa, dans la première moitié du 2e siècle avant J. C., au développement sporadique de villes. Un développement plus intense de l'agriculture intervint également dans nombre de régions du pays, entraînant l'expansion d'agglomérations rurales.

Les luttes de Rome contre les Numides, le règlement partiel sur le sol africain des luttes entre les partis de Rome, notamment entre César et les partisans de Pompée, ainsi que la reprise par Octave de l'héritage de César ont également revêtu une importance majeure pour la genèse des agglomérations. Il s'ensuivit l'extension vers le sud et le sud-ouest de la zone romaine, notamment sous Vespasien et Trajan, qui entraîna autant la poursuite du développement de la vie urbaine que la mise en valeur d'autres contrées. Une période de consolidation au cours du 2e et du 3e siècle acheva la genèse du paysage culturel de l'époque romaine jusqu'en l'an 300 après J. C..

Les villes romaines de l'Afrique du nord avaient, en tant que *coloniae, municipia* ou cités de droit «pérégrin», des statuts juridiques différents, revêtant une certaine importance quant aux droits politiques de leurs habitants et fournissant certaines indications plus précises sur la signification d'une telle ville. D'après leur physionomie et leur fonction, elles étaient, cependant, toutes des villes au sens géographique du terme, étant donné qu'elles répondaient aux critères considérés par la géographie urbaine moderne comme des conditions nécessaires et suffisantes pour l'octroi du nom de ville à une agglomération. Elles présentaient

1) une compacité et une concentration sensible des constructions,
2) une certaine taille,
3) une vie urbaine, et
4) un certain centralisme.

Elles disposaient en outre de «services d'infrastructure», tels que la distribution d'eau, les canalisations et l'évacuation des ordures. Elles accusaient, par ailleurs, une différenciation du corps urbain, avec un noyau composé de bâtiments publics et des quartiers d'habitation situés à la périphérie. Les bâtiments publics servaient à l'administration et à la justice ainsi qu'à la satisfaction des besoins de divertissements et de cultes religieux des citadins et des habitants de la région environnante. L'on trouvait cependant aussi, au sein du «noyau de la ville», des halles de marché et des rues avec des boutiques et les ateliers des artisans.

Faisaient également partie des villes des territoires de dimensions diverses, la ville constituant la place centrale des différentes agglomérations isolées ou groupées. Les villes exerçaient également une certaine fonction centrale pour les domaines impériaux situés, en partie, entre les territoires de ces villes.

Il existait déjà pendant l'ère préromaine, dans la zone d'influence de Carthago et des rois numides, un certain nombre de villes ou d'agglomérations de type urbain, qui furent ensuite romanisées sous la domination romaine.

Après l'échec, à la suite de résistances d'ordre politique, de la tentative par C. Gracchus de la fondation d'une colonie sur le sol de Carthago détruite en l'an 122 avant J. C., et de quelques autres efforts de colonisation par l'installation de vétérans, sous Marius, sur le territoire numide au-delà des limites de la province romaine, ce n'est qu'au moment de la victoire de César sur les partisans de Pompée et jusqu'aux premières années du 2e siècle après J. C., que l'on assista à des fondations planifiées de colonies pour des citoyens romains, essentiellement des vétérans des légions. Ces *coloniae* se distinguaient par la régularité particulière de leurs plans d'urbanisme, laquelle est un élément relativement rare, voire inexistant dans les centres exhumés de quelques fondations numides ou carthaginoises romanisées.

L'extension et le développement de la vie urbaine en Afrique du Nord répondaient, au cours de cette première époque, à des objectifs militaires et politiques. Ils contribuaient à la sauvegarde et à la mise en valeur de contrées nouvellement acquises et pacifiées ainsi que, au cours des décennies de luttes revêtant le caractère d'une guerre civile avant le principat d'Auguste, au renforcement du pouvoir politique de, par exemple, César ou Octave par l'implantation de vétérans fiables de leurs légions.

Du 1er au 3e siècle après J. C., il s'ensuivit une politique, introduite progressivement sous les Flaviens, d'intégration plus forte de la population indigène africaine des villes au sein des couches dirigeantes de l'empire romain, laquelle fut réalisée par l'élévation par les empereurs de villes essentiellement habitées par des pérégrins aux rangs juridiques de *municipia* et de *coloniae*. Un tel élément est mis en valeur dans le cadre de l'étude des différentes villes ou des groupes de villes.

C'est ainsi que nombre de villes de dimensions très diverses firent leur apparition à la suite d'un développement politique et économique favorable. Carthago, nouvellement fondée par Octave, surpassait largement toutes les autres. Les autres villes importantes, telles que Hadrumetum et également Cirta, ne suivaient que loin derrière, et la plupart de ces villes n'accusaient qu'une taille et qu'un nombre d'habitants modestes, tout en conservant néanmoins pleinement le caractère d'une ville. L'assimilation de la population indigène à la civilisation romaine se refléta également dans l'aspect que se donnaient les villes, dans la conception de leurs bâtiments privés et de prestige, ce qui suscita les présentations typiques des villes de l'ère romaine.

Parmi les villes côtières de la côte nord, du golf de Tunis, de la presqu'île Cap-Bon et de la côte est, nombre d'entre elles trouvent leur origine dans la création des bases phéniciennes et carthaginoises pour la navigation côtière.

Il s'agit, sur la côte nord, de Chullu, Rusicade(?), Hippo Regius et Thabraca. Ces embryons d'agglomérations phéniciennes et carthaginoises se développèrent, en partie dès l'époque numide, comme dans le cas de Hippo Regius, pour devenir d'importants centres portuaires et commerciaux présentant bien un caractère urbain. Ils disposaient, en règle générale, de terres environnantes bien exploitées et d'un «hinterland» productif, tel que la contrée montagneuse de Constantine ou le bassin de la Medjerda centrale. Chullu, qui ne disposait pas d'une grande région environnante exploitable sur un plan agricole, dut son essor économique, outre à sa fonction de port, essentiellement à l'extraction du pourpre. La situation géographique de ces villes fut, dans une large mesure, déterminée par les possibilités de passage à travers les chaînes de l'Atlas situées le long de la côte pour atteindre le «hinterland», leur localisation par la possibilité d'y aménager un port protégé. Etant donné que des Romains et des Italiotes partiellement placés par P. Sittius s'installèrent de bonne heure dans ces villes côtières, de telles villes obtinrent relativement tôt, entre le règne d'Auguste et de Trajan, le statut juridique de *coloniae*. — Outre ces quatres villes, il n'y eut, sur cette section de côtes, que peu d'autres localités importantes, dont l'histoire, la signification ou le statut juridique puisse faire l'objet d'une description.

Les villes côtières du nord-est, dans la zone plus large du golf de Tunis: Hippo Diarrhytus, Utica et Carthago trouvent certes leurs origines dans des fondations phéniciennes, mais accusèrent, au cours de leur histoire, un développement très inégal et revêtirent une importance extrêmement variable.

Utica fut la fondation la plus ancienne et, tout d'abord, la base la plus importante de la navigation commerciale phénicienne; elle se développa par la suite et devint, pour le moins, une agglomération de type urbain. Elle fut ultérieurement débordée par la nouvelle fondation de Carthago, intégrée dans l'Etat de cette dernière et vit la poursuite de son propre développement bloquée par une telle évolution. Après la destruction de Carthago en l'an 146 avant J. C., Utica, qui s'était battue, au cours de la troisième guerre Punique, aux côtés de Rome, devint, en tant que *oppidum liberum*, le siège du gouverneur de la province d'Afrique (Africa Vetus). Elle dut néanmoins, à une époque ultérieure qui n'est pas connue avec précision, rendre de nouveau une telle fonction à Carthago, nouvellement fondée par Octave en tant que colonie romaine en l'an 44 avant J. C.. Elle acquit cependant en l'an 36 avant J. C., le statut juridique d'une *municipium* et fut élevée au rang de *colonia* par Hadrien. Elle jouit, tout comme Carthago, à partir de l'ère de Septime-Sévère du statut de *ius Italicum,* qui était le droit le plus élevé d'une colonie. Bien qu'elle fût encore, à l'époque romaine, la rivale de Carthago, cette ville put, grâce à son port et à la fertilité de son «hinterland», acquérir une certaine importance économique, jusqu'au moment où, au 3ème siècle, les alluvions de la Medjerda provoquèrent l'ensablement de son port.

S'il est vrai que la position dominante de Carthago sur de vastes régions du nord et de l'est de la Tunisie, subsistant encore après la seconde guerre Punique, s'acheva avec sa destruction au terme de la troisième guerre Punique, la nouvelle fondation sous la forme d'une colonie romaine définitivement réalisée par Octave, fut entreprise de façon si généreuse et se vit octroyer un territoire si important que la ville en résultant se développa rapidement pour devenir le centre urbain le plus important et le plus peuplé de cette région, voire le plus grand d'Afrique après Alexandria. Cette nouvelle Carthago était la capitale d'une riche province, qui vit cependant ses frontières se modifier au cours de l'ère romaine.

Par rapport à Utica et à Carthago, le développement de Hippo Diarrhytus semble avoir stagner, en dépit du fait que des vétérans y furent probablement installés par Auguste et que la ville acquit le statut juridique d'une *colonia.*

On ne dispose que de peu de connaissances fiables sur l'histoire du développement des quelques autres villes sur ou à proximité de la côte du golf, à l'exception de Carpis, une colonie vraisemblablement fondée par César. Situées dans la zone d'influence immédiate de Carthago, elles ne revêtaient certainement aucune importance majeure.

Clupea, Curubis et Neapolis furent également des colonies de César et d'Octave dans le sud-est de la presqu'île du Cap Bon. Les fondations de telles colonies reprenaient les emplacements de villes et de localités portuaires préromaines, qui présentaient déjà une certaine importance à l'époque punique pour le trafic entre l'Afrique et la Sicile. Leur base économique était essentiellement constituée des cultures étendues d'oliviers et d'autres arbres fruitiers, déjà développées par les Carthaginois sur la presqu'île du Cap Bon. La pêche et la fabrication du *garum* («sauce de poisson») peut avoir, en outre, également joué, localement, un certain rôle.

Les quatre colonies juliennes susmentionnées servaient à César et à Octave pour notamment sauvegarder contre leurs opposants politiques intérieurs les régions qu'ils dominaient et leur fondation doit, partant, être considérée, du moins en partie, en relation avec les luttes des partis de la fin de l'ère républicaine romaine.

Au sud de la côte du nehrung du golf de Hammamet, peu favorable à la navigation, sur laquelle l'on ne trouvait que deux petites places portuaires, était située Hadrumetum, une

fondation phénicienne. Cette ville était à l'époque punique et romaine le port et le centre commercial le plus important du Sahel pour l'exportation de produits agricoles, soit dans un premier temps les céréales, puis par la suite l'huile d'olive. Compte tenu de son importance économique et de sa romanisation avancée, Trajan lui octroya les droits d'une *colonia*. Dans le cadre de la réforme de l'empire par Dioclétien, elle devint la capitale de la nouvelle province de Byzacena.

Plus au sud, le long de la côte du Sahel de Sousse et de Sfax, l'on trouvait une série d'autres villes jouissant d'un statut juridique moindre, qui trouvaient, en grande partie, leur origine dans les *emporia* phéniciennes et carthaginoises. Dans la mesure où, comme Hadrumetum, elles avaient combattu aux côtés de Rome au cours de la troisième guerre Punique, elles conservèrent, après la chute de Carthago, en tant que «villes libres», l'immunité de leur territoire et leur libre autogestion. César favorisa également de la même façon les villes qui s'étaient jointes à lui lors de sa campagne africaine. Il est certain qu'il s'agissait là d'un avantage majeur pour la poursuite du développement économique de ces villes, mais nous ne disposons pas encore d'indications plus précises à ce propos. Les décisions politiques des instances gouvernantes de ces villes devaient, sans aucun doute, revêtir une certaine importance pour de telles communautés. L'exemple de Acholla, qui se plaça à temps, par deux fois, du côté du futur vainqueur, constitue un exemple manifeste d'un tel phénomène.

Dans cette série de villes, s'achevant par Macomades-Iunci, seule Thaenae acquit avec certitude le statut d'une *colonia*, statut qui lui fut accordé par Hadrien, alors que l'élévation de Leptis Minor au rang d'une *colonia* est encore contestée.

La base économique de ces villes côtières était également fondée sur la production agricole des régions environnantes et de leur «hinterland», ainsi que sur le commerce de leurs produits, et notamment de l'huile à partir du 2e siècle après J. C.. La pêche, dont également celle d'éponges, doit, en outre, avoir revêtu ici et là une certaine importance.

De Hadrumetum à Macomades-Iunci (inclue), on trouvait sur 240 km de longueur de côte, 13 villes ou agglomérations de type urbain, lesquelles n'étaient souvent distantes que de 15—20 km et, au maximum, de 30—35 km les unes des autres. Cette concentration relativement élevée devrait s'expliquer par le fait que, compte tenu de la nature du relief dans le Sahel, l'accès de l'«hinterland» à la côte était particulièrement aisé. C'est ainsi que le transport des produits agricoles pour l'embarquement sur un bâteau pouvait partout s'effectuer par la voie directe la plus courte, ce qui entraîna l'édification de nombre de villes portuaires, présentant néanmoins, en règle générale, des possibilités régionales limitées quant au développement de zones périphériques.

La navigation des Phéniciens constitua également, dans le cas de quelques villes autour de la Petite Syrte, la première impulsion pour l'édification d'une agglomération. Après une section de côte démunie de villes, d'environ 85 km au sud de Macomades, on trouvait près de l'oasis de Gabès la ville de Tacapae, qui porte la désignation de *colonia* dans les itinéraires. Nous ne connaissons cependant pas le moment où elle obtint un tel statut juridique. Il ne fait aucun doute qu'une base fut installée à cet endroit au cours de l'ère phénicienne à cause de l'oasis; la ville servait de port pour la région du Limes au cours de l'ère romaine. Gightis, qui jouissait depuis le milieu du 2e siècle après J. C. des droits d'une *municipium*, trouve également ses origines dans les fondations phéniciennes et carthaginoises. Cette ville était probablement le centre administratif de la tribu des Chinitii et accusait un certain bien-être, comme le révèlent les nombreux bâtiments publics.

Nous ne disposons pas d'indications relatives à la genèse et à la situation juridique des villes de l'île de Djerba. Cette île revêtait depuis l'époque phénicienne une certaine importance, compte tenu de son activité pour la fabrication du pourpre, laquelle se concentra pendant l'ère romaine à Meninx. Nous ne savons que trop peu de choses sur les localités côtières et proches des côtes situées à l'est de l'île de Djerba, pour fournir des informations fiables sur leur développement; il convient néanmoins de noter que les villes de Zitha et Pisida se virent également accorder le statut juridique d'une *municipium*.

Alors que la plupart des villes côtières avaient déjà entamé leur développement dès l'époque phénicienne et le début de l'ère carthaginoise, la vie urbaine dans le Tell, la partie intérieure du nord et du nord-est, ne commença à se développer qu'ultérieurement sous la domination de Carthago. A la suite de la création sur le sol africain d'un territoire carthaginois plus grand, au 5e siècle avant J. C., nombre d'agglomérations compactes et groupées s'édifièrent sur les collines et les régions montagneuses du nord-est du pays et autour de la Medjerda centrale et de ses affluents. Ces localités portant la désignation de *castella* étaient principalement habitées par une population agricole, mais assumaient, en partie, également des fonctions de marché, comme par exemple l'agglomération de Vaga. Au fil du temps, elles se développèrent considérablement pour devenir de petites villes disposant d'une autogestion élaborée selon le modèle carthaginois.

Au terme de la 2e guerre Punique, en l'an 201 avant J. C., Carthago conserva certes l'intégralité de son territoire africain, mais perdit néanmoins toute sa puissance. On assista bientôt ainsi à la réalisation de la politique expansionniste, tolérée par Rome, du roi numide Massinissa, ce dernier ayant été un allié de Rome au cours de la phase finale de la 2e guerre Punique. Massinissa commença à occuper progressivement le territoire carthaginois, ce qui entraîna, en fin de compte, la 3e guerre Punique, la destruction de la ville et la création de la province romaine d'Afrique (Africa). Les régions carthaginoises occupées par Massinissa furent laissées à ce dernier, Rome se contentant des territoires appartenant encore à Carthago au début de la guerre.

A la fin de la guerre contre Jugurtha en l'an 105 avant J. C., la Tripolitaine, jusque là numide, fut annexée à la province romaine, les régions du nord-ouest furent octroyées au roi mauritanien Bocchus pour l'aide en armements qu'il avait fournie aux Romains, la région centrale du royaume créé jadis par Massinissa resta entre les mains des Numides.

Les localités et villes de l'intérieur du pays, fondées par les Carthaginois, ne furent apparemment pas sensiblement touchées par ces évènements. Massinissa et ses successeurs, qui stimulèrent de multiples façons, intensément, le développement de l'économie et de la civilisation de leur pays, conservèrent les *castella* puniques. Quelques villes devinrent des résidences de différents rois, telles que, par exemple, Bulla Regia, ou des chefs-lieux de tribus numides, tels que Thubursicum Numidarum et Thugga. Des villes étaient, néanmoins, également apparues sporadiquement au-delà de l'ancienne zone de domination carthaginoise, à partir de la fin du 3e siècle avant J. C. On citera, en tant qu'exemple, la ville de Cirta, la capitale et la résidence de Syphax et de Massinissa.

Enfin, (probablement) en l'an 103 avant J. C., on assista à l'installation de vétérans de Marius dans des agglomérations déjà existantes dans la région de la Medjerda centrale sur le territoire numide. Un tel phénomène est vérifiable dans le cas des villes de Thuburnica, Uchi Maius et Thibaris. En ce qui concerne ces colonies de vétérans installées par Marius en accord avec le roi numide Hiarbas, il s'agissait probablement de villes de type *coloniae*. Elles ne furent cependant pas, comme c'était le cas, d'une façon générale, pour les *coloniae*, fondées par l'Etat romain, étant donné qu'une proposition de loi relative à l'installation de vétérans de Marius ne put être adoptée à Rome.

C'est la raison pour laquelle de telles installations intervinrent sur l'initiative de Marius en dehors de la province romaine d'Afrique (Africa). Outre dans les trois localités citées, des vétérans de Marius s'installèrent également dans d'autres endroits de la Numidie, comme ce fut vraisemblablement le cas à Vaga, Musti et Sicca Veneria; nous ne disposons cependant pas d'indications sur l'étendue de telles colonies.

Lors de la lutte entre les Populares et les Optimates en Afrique, au cours des années quatre-vingt du 1er siècle avant J. C., les partisans de Marius et le roi numide Hiarbas combattant à leurs côtés furent vaincus par Pompée en l'an 81 avant J. C.. Ceci eut certainement aussi des conséquences quant à l'installation des partisans de Marius.

A la suite de la destruction de Carthago et de la condamnation de sa population — ou du moins d'une partie d'entre elle — à l'esclavage, les Romains, tout comme les Numides, conservèrent, pour l'essentiel, la structure d'agglomération existante dans cette province. Les villes carthaginoises perdirent cependant, exception faite des rares *oppida libera*, leur immunité, étant tributaire de l'*oppida stipendiaria;* en d'autres termes, elles perdirent souvent une partie de leur territoire, durent payer des impôts considérables et virent leur autogestion, pour le moins, fortement restreinte.

A la suite de l'échec de la tentative par C. Gracchus de fonder une colonie à l'emplacement de Carthago détruite, aucune politique officielle d'urbanisation romaine ne vit le jour. On assista, tant dans la Province que dans la zone d'influence numide, au cours des années 146—46 avant J. C., à l'installation spontanée dans nombre de localités de citoyens romains, faisant souvent du commerce de gros, lesquels, quand ils se retrouvaient déjà un certain nombre dans un même endroit, se regroupaient pour constituer un *conventus civium Romanorum*. Ce phénomène fut maintes fois significatif pour la poursuite du développement de la vie urbaine au cours de la période qui suivit, vu qu'il représentait un premier pas vers une romanisation.

Une nouvelle phase de développement des agglomérations urbaines commença à la suite de la campagne africaine de César et de sa victoire sur les partisans de Pompée ainsi que sur le roi numide Juba, allié à ces derniers, en l'an 46 avant J. C.. La plus grande partie du royaume numide fut annexée à l'empire romain en tant que province Africa Nova. P. Sittius, partisan de César, s'était, au même moment, emparé avec son groupe d'hommes armés, et conjointement avec le roi mauritanien Bocchus, de la capitale numide de Cirta. Il y fonda la «colonie» privée, tolérée par César, de Cirta, dont le territoire incluait une part considérable de la Numidie occidentale, des hauts plateaux au sud de Cirta à la côte. Sittius y installa, outre à Cirta même, les troupes de ses partisans, qui n'étaient constituées qu'en partie de citoyens romains, dans quelques villes et *castella*. Outre Cirta et les villes côtières de Chullu et Rusicade, Milev, Thibilis, Tiddis et Celtianis acquirent ainsi d'efficaces impulsions pour leur développement. Après l'assassinat de Sittius, Cirta et son territoire furent intégrés à la province Africa Nova. Avec l'installation, au même moment, par Octave de vétérans des légions, la ville devint alors une *colonia* de droit romain.

Avec la nouvelle fondation de Carthago, déjà prévue par César puis réalisée par Octave, démarra dans le nord-est un processus de colonisation dirigé et différencié en fonction des différents emplacements.

La colonie de Carthago se vit attribuer, probablement selon les plans de César, un territoire considérable comprenant de grandes parties de la région déjà intensément développée et peuplée par les Carthaginois puis par les Numides, au sud de la Medjerda centrale.

Dans le cadre de la nouvelle structuration politique après l'an 46 avant J. C., des parties de la région des villes tributaires (*oppida stipendiaria*) furent adjointes au territoire de Carthago en tant que *pagi*, les habitants, souvent nouvellement installés, étant juridiquement des citoyens de Carthago. La population indigène des villes constituait, avec la part de terrain lui restant et exploitée par ses soins, une *civitas* de droit pérégrin. Il s'ensuivit entre les citoyens de la *pagi* et les habitants pérégrins des *civitates* un intense rapprochement au fil des ans dans les domaines culturel et économique. A la fin du 2e ou au début du 3e siècle, ces villes furent élevées au rang de *municipia*, les *pagi* passant du territoire de Carthago aux territoires des nouvelles *municipia*. Quelques-unes de ces villes acquièrent encore, au cours du 3e siècle, le statut d'une *colonia*. On citera, en tant qu'exemples d'une telle élévation des statuts juridiques de *civitas* et de *pagus* à ceux de *municipium* et de *colonia*, les villes de Thugga et de Thignica.

Deux colonies furent, par ailleurs, fondées par Octave pour des vétérans de sa 8e et de sa 13e légion dans le nord de la province Africa Vetus: il s'agit de Thuburbo Minus et de Uthina. Outre les colonies compactes de vétérans, des groupes de légionnaires ayant fait leur temps de service furent installés dans des villes déjà existantes, telles que, par exemple, Simitthus, Thuburnica, Cirta et également Sicca Veneria. Ces villes acquièrent ainsi le statut juridique d'une *colonia*. Musti, par contre, dans laquelle des vétérans s'étaient vraisemblablement déjà installés du temps de Marius, puis de nouveau établis sous César ou Octave, obtint le statut d'une *municipium*.

Au moyen d'une telle installation par César et Octave/Auguste de nombreux citoyens romains, on s'efforçait, outre le fait de servir les vétérans ou autres citoyens romains, de sauvegarder ces régions, en grande partie nouvellement acquises, contre les ennemis intérieurs et extérieurs, mais également contre les opposants politiques intérieurs.

En dépit de telles mesures, le nombre de *coloniae*, c'est-à-dire de villes accusant une population composée — du moins en majorité — de citoyens romains, resta faible. Le plus grand nombre de ces villes, trouvant leurs origines dans les fondations préromaines, était essentiellement habité par des pérégrins. Ces *civitates* jouissaient d'un droit moindre, ce qui entraînait nombre de désavantages également sur un plan économique. Leurs habitants, d'une façon générale, ouverts à la civilisation romaine, ou, du moins, les familles dirigeantes tentaient d'acquérir avec une certaine romanisation les avantages du statut juridique d'une *municipium*, voire, le cas échéant, ultérieurement celui d'une *colonia*.

La poursuite d'un tel but était facilitée quand la ville était déjà *oppidum liberum*, quand, outre la population pérégrine, un certain nombre de citoyens romains s'y était déjà installé et quand il existait un *conventus civium Romanorum*. Car une telle situation menait, en règle générale, à une romanisation plus rapide de la communauté, laquelle constituait l'une des conditions préalables à l'octroi du statut de *municipium*.

Des villes pérégrines se virent attribuer, de façon sporadique sous Vespasien puis plus fréquemment sous Trajan et Hadrien, le statut de *municipium*, et ultérieurement, dans quelques rares cas, celui d'une *colonia*. Nous citerons à ce propos les quelques exemples suivants:

Bulla Regia, capitale numide au cours de la première moitié du 1er siècle avant J. C., *oppidum liberum* après l'an 46 avant J. C., fut élevée au rang de *municipium* sous Vespasien et à celui de *colonia* sous Hadrien. Thuburbo Maius accusa, par contre, un développement plus lent. Elle acquit sous Hadrien le statut d'une *municipium* et sous Commodus celui d'une *colonia*. Enfin Bisica Lucana devint une *municipium* sous Hadrien, puis, ultérieurement, à une date encore inconnue, une *colonia*. On ne dispose pas de dates concernant la colonia Vallis. Par contre, la ville de Mactaris datant de l'ère numide, en dépit du fait qu'elle fut assez tôt une ville importante, jouissait encore en l'an 169 après J. C. d'un droit pérégrin et n'acquit que sous le gouvernement conjoint de Marc-Aurèle et de Commode le statut d'une *colonia*.

Dans la mesure où des *civitates* obtinrent le statut juridique d'une *municipium*, une telle évolution n'intervint, pour la grande majorité d'entre elles, que sous Commode et notamment les Sévères. Il n'y eut que peu d'autres villes, outre les exemples cités, qui s'élevèrent au rang d'une *colonia*.

Les développements que nous venons de décrire pour les villes de l'intérieur du nord et du nord-est sont également valables pour les contrées du Tell, soit la région montagneuse occidentale avec le haut-plateau de Constantine, le bassin de la Medjerda centrale et les collines et montagnes environnantes, le «hinterland» du Golf de Tunis, le bassin et les hauts-plateaux (ce que l'on appelle le Haut-Tell), au nord de la Dorsale tunisienne ainsi que les parties du centre et du nord-est de cette dernière. Dans nombre de ces contrées favorisées sur le plan de la situation atmosphérique, qui présentèrent de bonne heure des densités de population élevées, les villes, certes en règle générale petites, étaient, en partie, étroitement rapprochées les unes des autres, accusant des distances entre elles de moins de 10 km, comme le montre clairement la concentration des signes conventionnels sur la carte N 15. On est, cependant, loin d'avoir mentionné sur cette carte toutes les *civitates* existant en l'an 300 après J. C., et ce, d'une part parce que, compte tenu de l'échelle utilisée, les possibilités de description étaient limitées si l'on voulait que la carte reste lisible, et d'autre part, parce qu'il nous sembla que l'objectif de la description, la présentation de la concentration des villes dans ces contrées, était atteint.

Etant donnée cette énorme concentration, les différentes villes ne disposaient souvent que d'un petit territoire. Nombre d'entre elles semblent, malgré tout, s'être développées favorablement, si l'on en juge, dans de nombreux cas, par les restes de constructions trouvés. Leur base économique était, en règle générale, l'agriculture et essentiellement la production de céréales et d'huile d'olive, ainsi que le commerce de ces produits et occasionnellement d'autres denrées agricoles, telles que le vin ou les fruits. Le fait que l'élevage ait également joué un certain rôle dans l'activité agricole de ces régions nous est, entre autres, révélé par les représentations des mosaïques. L'élevage de chevaux a revêtu, sur un plan régional, une importance particulière.

Au sud du Tell: sur les hauts-plateaux orientaux du Chott et des régions périphériques, dans la contrée montagneuse de Tebessa, dans la haute steppe au sud de la Dorsale tunisienne du centre et du sud-ouest, dans les régions de steppes situées en contrebas et inclinées vers l'est, ainsi que dans l'«hinterland» des côtes orientales, le Sahel, les villes étaient rares et disséminées. L'on n'en trouvait que peu datant de l'ère préromaine ou construites sur l'emplacement d'anciennes villes de cette même époque, telles que, par exemple, Madauros et Theveste, pour lesquelles on ne sait cependant quasiment pas dans quelle mesure et à partir de quand elles eurent un caractère urbain au cours de l'ère préromaine. Dans toutes les contrées susmentionnées, il semble que d'authentiques villes n'apparurent qu'au cours de l'ère romaine.

La raison de leur création fut la consolidation et l'extension de la zone d'influence romaine au sud et au sud-ouest de l'intérieur du pays, processus qui fut entamé par Vespasien et poursuivi par Trajan.

Au terme du gouvernement d'Auguste, Ammaedara, située sur les hauts-plateaux au nord de la Dorsale tunisienne, constitua l'emplacement de la seule légion stationnée en Afrique, la Legio III Augusta. Cette dernière fut déplacée sous Vespasien à Theveste en l'an 75 après J. C., et il est probable qu'une colonie de vétérans fut simultanément fondée à Ammaedara. Outre l'installation de soldats ayant terminé leur temps de service, cette colonie devait certainement également assumer des tâches de sécurité dans cette région de Musulames encore peu fiables. Après le dangereux soulèvement d'une durée de sept ans (17—24 après J. C.) des Tacfarinas, Rome ne voulait peut-être plus courir le moindre risque dans la région de cette tribu. Vespasien installa également une colonie de vétérans près du chef-lieu des Musulames, Madauros. Etant donné que les territoires pour ces deux colonies avaient été confisqués dans la région des Musulames, cette tribu vraisemblablement encore nomade, fut affaiblie dans sa force économique et probablement contrainte à la sédentarité. Une petite colonie de vétérans fut, enfin, vraisemblablement établie à l'époque de Vespasien, plus en avant vers le sud-ouest, dans Diana Veteranorum, cette dernière ne jouissant cependant pas du statut d'une *colonia*. On réalisait ainsi un premier pas dans le sens d'une expansion vers le sud-ouest et d'un contrôle renforcé des tribus numides du sud, persistant encore jusque là dans leur mode de vie nomade.

Sous Titus, seule une section (*vexillatio*) de la 3ème légion fut, tout d'abord, stationnée en l'an 81 après J. C. à Lambaesis, dans ce qu'on appelait le camp de l'est; il s'ensuivit sous Trajan, en l'an 100 après J. C., le transfert de toute la légion de Theveste dans le grand camp permanent de Lambaesis. Environ au même moment, fut créée la colonie de vétérans de Thamugadi, et après le départ de Theveste de la 3ème légion, une autre colonie de vétérans fut installée à cet endroit. Diana Veteranorum fut enfin élevée par Trajan au rang d'une *municipium*.

Le déplacement de la légion ainsi que les fondations des colonies par Trajan dans l'ancienne zone frontalière servaient, conjointement avec les premiers *castra* du Limes numide, à la sécurité du «hinterland» contre les nomades, partiellement à la sédentarité de ces derniers, ainsi qu'à la surveillance de la population des montagnes de l'Aurès. Un peuplement plus dense et une mise en valeur économique d'autres régions devinrent ainsi possibles.

Au fil des ans, se développèrent à partir du *canabae* près de Lambaesis et de Verecunda, à proximité du camp est et d'un village de vétérans, deux agglomérations urbaines, dont la plus importante fut celle de Lambaesis. Elle fut élevée au rang de *municipium* sous Marc-Aurèle, puis à celui de *colonia* entre 238 et 253 après J. C.. L'agglomération de Verecunda située à peine 2 km au nord-est de Lambaesis, accusa un développement moins intense et resta une *municipium*, rang auquel elle fut élevée au plus tard sous Septime-Sévère. Quelques autres petites villes de cette région: Lambaridi, Casae et Mascula obtinrent également le statut juridique d'une *municipium*, ce qui amène à penser que cette région accusa un certain essor économique.

Dans la région des Hautes Steppes au sud de la Dorsale tunisienne, les bien trop rares épigraphes trouvées sur ce sujet permettent également de reconnaître les effets de la politique de Vespasien et de Trajan. C'est ainsi que Sufetula fut probablement élevée au rang de *municipium* par Vespasien, alors que Cillium n'obtint vraisemblablement ce statut juridique que sous Trajan et que Thelepte fut une colonie de vétérans de Trajan. Sufetula et Cillium acquirent également au 3ème siècle le statut d'une *colonia*, lequel fut également accordé à la ville de Sufes soit sous Marc-Aurèle soit sous Septime Sévère. On ne peut encore rien indiquer de sûr quant aux premiers développements de ces villes. GASCOU (1972) incline à supposer que des bases militaires existaient déjà avant l'époque flavienne près de Sufetula, ainsi que près de Cillium et de Thelepte pendant l'ère flavienne.

Les situations géographiques et topographiques de ces villes semblent, selon l'auteur, plaider en faveur de telles suppositions, compte tenu du fait qu'elles présentent une série d'éléments communs: Toutes étaient situées le long ou à proximité de passages plus ou moins larges entre des chaînes de montagnes, en partie, difficilement franchissables, lesquels permettaient un accès aisé des régions plus arides du sud à celles moins arides ou relativement humides du nord. Sufetula, Cillium et Thelepte présentaient également une situation topographique commune, sur une terrasse fluviale.

De telles correspondances des situations et les distances presque égales, de respectivement quelque 30 km, des villes entre elles, permettent de supposer, au-delà de l'hypothèse de GASCOU (1972), qu'il existait à l'origine ici un ancien *limes* ou une partie d'une telle construction. Ce dernier aurait servi, à la suite de l'écrasement du soulèvement des Tacfarinas, à la surveillance de la région des Musulames. Il aurait pu, en outre, servir à contrôler les migrations des troupes de nomades, s'étendant très probablement à cette époque plus loin vers le nord, et à protéger ainsi les agglomérations de la population sédentaire contre les envahissements de tels nomades.

Il convient de noter qu'outre les quatre *coloniae* citées, presque aucune autre ville ne fut connue dans cette région, et ce, en dépit du fait qu'elle accusait un bon développement économique grâce à la culture des oliviers et une importante concentration d'agglomérations rurales. On trouva certes un certain nombre d'emplacements d'agglomérations d'une certaine taille, dont les noms romains sont encore inconnus; il ne s'agissait cependant pas ici de villes mais plutôt de *vici* (bourgades).

L'inexistence de villes sur la déclivité vers la côte, dans le «hinterland» proche de cette côte, le Sahel de Sfax et de Sousse, saute aux yeux et est difficilement compréhensible, d'autant que cette région fut, en grande partie, intensivement exploitée pour la culture d'oliviers et que l'on y trouve nombre d'agglomérations rurales éparses et de hameaux. De grandes sections de cette contrée furent éventuellement des domaines impériaux, supposition en faveur de laquelle plaide la preuve de l'existence de procurateurs de domaines à Hadrumetum et à Leptis Minor, ce qui expliquerait l'inexistence du développement de villes. Tant que nos sources d'information ne seront pas meilleures, il ne nous sera cependant pas possible de fournir des indications fiables sur le développement de la genèse des agglomérations dans cette région.

La seule ville importante, Thysdrus, était déjà une place essentielle du commerce des céréales au milieu du 1er siècle avant J. C.. Elle devint, au cours de la période qui suivit, *oppidum liberum* et fut vraisemblablement élevée par Septime-Sévère au rang de *municipium* avant l'an 198 après J. C.. Elle acquit ultérieurement le statut d'une *colonia*. A la suite du démarrage de la culture intensive des oliviers, son bien-être reposa sur le commerce de l'huile. La petite ville de Bararus profita également d'une telle activité et devint, par la suite, une *municipium.*

Tout comme la ville de Tacapae située près de l'oasis de Gabès à proximité des côtes, une grande agglomération vit également le jour, dès l'époque préromaine, près de l'oasis de Gafsa. Après sa destruction au cours de la guerre contre Jugurtha, l'agglomération nouvellement reconstruite de Capsa fut élevée par Trajan au rang de *municipium.* Elle acquit ensuite le statut d'une *colonia* à une date encore inconnue. Turris Tamalleni, dans la région de l'oasis de Nefzaoua et chef-lieu des Nybgenii, se vit octroyer par Hadrien le statut juridique d'une *municipium.* A partir du *canabae* du *castrum* du Limes de Badias fondé sous Trajan, se développa une agglomération urbaine qui acquit à une date indéterminée le droit d'une *municipium.* Il convient enfin de mentionner la *civitas* de Thiges, en dépit du fait que nous ne savons encore rien sur son développement. Nous venons ainsi de citer les agglomérations urbaines de la zone du Limes numide; aucune ville ne se développa dans la région du Limes de Tripolitaine.

Outre les villes, se développèrent également de petites agglomérations groupées non-rurales, les *vici,* terme que l'on traduira le mieux par celui de «bourgade». Elles constituaient un type d'agglomération autonome et disposaient d'une autogestion communale. C'est la raison pour laquelle elles ont été représentées sur la carte N 15 par le même signe conventionnel que les villes jouissant d'un statut juridique moindre, quand leur nom est connu avec l'adjonction de *vicus* ou de *aquae,* et que l'on peut supposer qu'il ne s'agissait pas d'agglomérations groupées rurales. En ce qui concerne les agglomérations entrant, sur cette carte, dans la catégorie des «agglomérations plus grandes non spécifiées quant à leur genre et à leur statut», il devrait également s'agir, en grande partie, d'agglomérations de type *vici.*

Les villes et bourgades ne déterminaient que localement l'aspect du paysage culturel. Les agglomérations rurales revêtaient, par contre, une certaine signification pour le paysage culturel dans les régions se prêtant à l'agriculture et à l'arboriculture, compte tenu de leur grand nombre et de leur extension en surface. Il s'agissait soit d'agglomérations isolées et disséminées, de type *villae rusticae* et de taille variable, soit d'agglomérations groupées d'exploitations agricoles prenant la forme de hameaux ou de villages.

Il ne nous paraît pas possible, compte tenu du matériel de documentation dont nous disposons, d'étudier la distribution des différents types d'agglomérations rurales dans la région traitée par la carte N 15. Il ne nous paraît pas davantage possible de réaliser une description cartographique du déroulement dans le temps du peuplement de cette région. Pour pouvoir, d'une façon générale, représenter sur la carte thématique les agglomérations rurales, il ne nous restait plus que la possibilité de tenter de saisir la concentration de l'ensemble de telles agglomérations rurales (y compris les *villae urbanae*). Mais une telle tentative présente, au départ, une très grande faiblesse. La durée de l'existence et l'histoire d'une agglomération ne nous sont connues que dans quelques rares cas. Il s'avère néanmoins important d'avoir connaissance de ces derniers points, car nous devons occasionnellement compter avec une désertification seulement passagère d'une agglomération. La question se posant ici de savoir si toutes les places d'agglomérations rurales connues existaient au même moment à la fin du 3e et au début du 4e siècle ne trouve donc pas encore de réponse.

C'est la raison pour laquelle on suppose, en tant qu'hypothèse de travail, que le nombre d'agglomérations désertées, mentionnées sur les cartes exploitées, correspond à celui d'agglomérations rurales ayant existé en l'an 300 après J. C.. Une telle hypothèse de travail est fondée sur les réflexions suivantes: Comme le constataient LEVEAU (1975) et PEYRAS (1976), les cartes topographiques et les atlas archéologiques ne saisissent en aucune façon toutes les agglomérations désertées dont l'existence est encore aujourd'hui vérifiable au moyen de prises de vues aériennes ou de reconnaissances sur le terrain. Il ressort également de nos propres observations sur le terrain dans d'autres régions une reconnaissance d'emplacements d'agglomération non mentionnés jusqu'à présent. Vu que les mentions de «ruines romaines» sur les cartes topographiques ne reposent pas sur des inventaires archéologiques systématiques, l'on ne peut s'attendre à de meilleurs résultats. C'est ainsi que le nombre d'agglomérations désertées mentionnées sur les cartes topographiques ne traduit qu'un certain pourcentage, même s'il est probablement élevé, de l'ensemble des agglomérations rurales ayant effectivement existé à l'époque romaine. Toutes les agglomérations désertées mentionnées n'étaient certes pas habitées autour de l'an 300 après J. C. Mais l'on peut, par ailleurs, supposer que la désertification de quelques-unes des agglomérations existantes vers l'an 300 après J. C. n'est pas encore connue. Il est ainsi peut-être permis de supposer que de telles lacunes se compensent quelque peu.

Les remarques de TROUSSET (1977, p. 203—204) sur le développement du paysage culturel et sur la longue continuité aussi bien des agglomérations groupées rurales que des petites fermes isolées dans la région entre Thysdrus et la côte est, s'appuient également sur l'hypothèse de travail susmentionnée. Ceci est également valable pour l'indication de DESPOIS (1955, p. 107), selon laquelle l'extension des cultures d'oliviers se poursuivit jusqu'au 4e siècle.

Comme le démontre PEYRAS (1976, p. 203—204) pour le *fundus Aufidianus* (au sud de Matera), dans des régions où des troubles politiques entraînèrent après l'an 238 après J. C., des désertifications locales d'agglomérations, on remédia, du moins partiellement, à de tels dommages avant la fin du 3e siècle. On peut parfaitement supposer qu'une telle réexploitation de surfaces et d'entreprises agricoles abandonnées constituait davantage une règle générale qu'une exception. Le fait que l'activité urbaine, fondée sur la production agricole, était également encore florissante vers l'an 300 après J. C., même si une certaine régression du bien-être des citoyens se faisait sentir ici et là au cours du 3e siècle, plaide aussi en faveur d'une telle hypothèse.

La concentration moyenne des agglomérations a donc été déterminée en fonction de l'hypothèse de travail mentionnée. On a ainsi compté de façon exhaustive sur les cartes topographiques, en tenant néanmoins compte des surfaces inhabitables, les emplacements d'agglomérations pour des carrés de 10 km de longueur latérale. En fonction des valeurs obtenues, on a choisi une échelle comprenant les concentrations suivantes pour 100 km^2 $\leqq 5$, $> 5—10$, $> 10—20$, $> 20—30$, $> 30—40$, > 40 agglomérations. Une telle gamme est apparue utile et adéquate, compte tenu de la répartition des concentrations.

Il ressort d'une telle étude un nombre de régions assez semblables accusant des concentrations d'agglomérations identiques, dans lesquelles de petites zones présentant d'autres densités apparaissaient localement. La question se posa de savoir si et dans quelle mesure ces petites zones accusant des concentrations plus grandes ou plus petites correspondaient à la réalité. Illustrent-elles la situation authentique de l'époque? Trouvent-elles leur origine, d'une part, dans la conservation particulièrement bonne de traces d'agglomérations, ou, le cas échéant, dans des observations plus précises? Ou reposent-elles, d'autre part, sur d'éventuelles lacunes d'observation? Une telle question est restée sans réponse, étant donné qu'aucun inventaire archéologique systématique ne fut réalisée. C'est la raison pour laquelle nous ne pouvons ici que reprendre les données fournies par les cartes topographiques.

La carte N 15 fait apparaître la concentration des agglomérations rurales dans les différentes parties du pays. Les facteurs ayant suscité de telles différences de concentration sont certainement autant de type physico-géographique qu'historique. Vu que nous n'avons qu'une connaissance grossière des données historiques, il ne nous est pas possible de fournir des indications définitives sur les conditions d'apparition des diverses concentrations.

La délimitation des superficies à peuplement permanent vis-à-vis de celles de la steppe désertique est également problématique, d'autant qu'aucune étude intensive des agglomérations rurales dans la région du Limes n'a encore été réalisée. C'est la raison pour laquelle on a suivi sur la carte N 15, dans la zone occidentale et orientale du Limes, la ligne approximative des bases militaires les plus éloignées. Quelques-unes de ces bases, pouvant être considérées comme des postes d'observation avancés, sont restées au-delà de la limite de la zone des agglomérations rurales permanentes. On peut, bien entendu, se poser la question de savoir si cette limite, notamment par endroit, dans la région du Limes de Tripolitaine, ne se serait pas plutôt établie 10 ou 20 km plus au nord ou à l'est. On a également renoncé à tracer dans le détail la limite de la zone des agglomérations rurales romanisées, étroite et linguiforme, dans la région du sud-ouest de Nefzaoua vers Rhidma, compte tenu du fait que les indications dont nous disposons jusqu'à présent, fondées sur les fouilles du sol, nous paraissent encore, pour ce faire, trop incertaines.

Peuvent être considérées comme la «zone proche du Limes», en l'an 300 après J. C., la région s'étendant entre les versants sud de l'Aurès, des monts de Nementcha, ainsi que les chaînes de montagne du Djebel Madjour davantage vers le sud, jusqu'au Djebel ez Zerf, puis, encore plus loin vers le sud, du Djebel Morra et du Djebel el Asker d'une part, et des limites au nord du Chott, d'autre part, sur une largeur de 40—60 km. Son étendue est-ouest (dans la zone de la carte) s'élevait à plus de 300 km. C'était, depuis le début du 2e siècle après J. C., la partie orientale du Limes numide, lequel s'étendait à l'est jusqu'au sud du Chott de Djerid et de el Fedjad, et comprenait encore Turris Tamalleni, les oasis de Nefzaoua et la région avancée du nord du Djebel Tebaga.

Au sud de Turris Tamalleni, la «zone proche du Limes» s'étendait sur une largeur de 25—70 km, tout d'abord dans le sens nord-ouest — sud-est, puis dans la direction nord-sud. Elle comprenait la zone de passage entre le Djebel Tebaga et le Djebel Melab, la pente occidentale de la montagne de Matmata jusqu'au bord oriental de l'erg, puis, plus au sud, toute la région de la cuesta sud-tunisienne, de son pied oriental jusqu'à l'erg à l'ouest. Cette région constituait une partie du Limes de Tripolitaine et avait une longueur de quelque 250 km.

En ce qui concerne les agglomérations — de tous types — dans cette «zone proche du Limes», nous ne disposons que pour quelques cas de fouilles anciennes, et nous manquons de fouilles plus étendues avec des méthodes modernes. Les connaissances actuelles reposent essentiellement sur la levée des restes visibles en surface, sur des épigraphes, sur la collecte de débris et autres petits objets découverts, ainsi que sur des prises de vues aériennes. Une représentation détaillée de l'histoire des agglomérations et des activités militaires dans l'ensemble de la zone du Limes n'est ainsi, en dépit des importants travaux de TROUSSET (1974) et de BARADEZ (1949), pas encore possible. Nous ne pouvons pas non plus fournir d'indications sur la répartition et le type des différentes formes d'agglomérations et autres installations à une époque donnée. Nous avons donc dû renoncer à une représentation différenciée, les signes conventionnels ne permettant de distinguer qu'entre «les places fortifiées plus grandes et plus petites de la région du Limes».

La question de savoir si la structure du Limes que l'on trouve dans la Notitia Dignitatum pour l'époque autour de l'an 428 après J. C. était déjà valable vers l'an 300 après J. C. revêt ici une importance particulière. Il est, en effet, tout à fait possible qu'une telle structure soit déjà apparue, dans ses grands traits, en Afrique à l'époque de la réforme administrative et militaire de Dioclétien (BARADEZ 1949, p. 137). Le fait que les emplacements des *praepositi* mentionnés dans la Notitia existaient apparemment tous, en tant que places de garnisons importantes ou grandes agglomérations, vers l'an 300 après J. C., voire, pour certains d'entre eux, longtemps auparavant, plaide également en faveur d'une telle hypothèse.

Compte tenu de telles suppositions, les signes conventionnels ont été choisis autant en fonction de la taille des installations militaires que de la fonction de ces dernières. La taille de telles installations était certes, en règle générale, fonction de l'importance des tâches qu'elles devaient assumer, mais ce n'était pas toujours le cas; nous nous trouvons, en outre, confrontés à des exemples, pour lesquels les installations militaires supposées n'ont pu être encore localisées, comme dans la région de Aggarsel Nepte. C'est ainsi que toutes les localités, pour lesquelles la Notitia mentionne un *praepositus limitis,* soit une instance supérieure de commandement, ont reçu le signe conventionnel d'une «place fortifiée plus grande». Ce même signe a été utilisé pour les agglomérations militaires dans la région du Limes numide, à propos desquelles BARADEZ (1949, p. 145—148) supposa l'existence d'autres postes importants de commandement. Djenndel a été intégrée par l'auteur dans ce groupe, car sa situation correspondait largement à celle de Mdila et de Thiges. Les *castella, centenaria, burgi* et tours de guet ont reçu le signe conventionnel des «places fortifiées plus petites». Etant donné que nombre de «places fortifiées plus petites» n'ont pu être mentionnées sur la carte N 15, on a tenté de représenter les traits caractéristiques de leur répartition.

Le fait de parler d'une «zone proche du Limes» suscite immédiatement la question de l'existence d'une «zone du Limes plus étendue», à laquelle on pourrait également octroyer la désignation de «hinterland immédiat du Limes». Une telle zone comprenait la région au nord et à l'est de la zone susmentionnée en tant que «zone proche du Limes». Les connaissances quant aux agglomérations et aux installations militaires dans cette région sont, cependant, encore si incomplètes, que l'on a évité de porter sur la carte les agglomérations militaires sporadiquement connues, qui existèrent éventuellement vers l'an 300 après J. C.. Le camp de légionnaires de Lambaesis, situé vers l'an 300 après J. C. dans le «hinterland» du Limes, ne reçut pas non plus de mention spécifique outre le signe conventionnel d'une *colonia*, compte tenu du fait que la question de son importance militaire à cette époque ne nous paraît pas encore suffisamment éclaircie.

Les agglomérations militaires: camps de légionnaires, *castra*, *castella*, etc., servaient d'hébergement protégé pour les troupes. Les unités stationnées dans de tels camps avaient pour tâche de protéger la population vivant dans la zone du Limes et dans le «hinterland» contre les agressions ennemies, ou encore de surveiller des groupes peu fiables de la population, tels que les tribus de nomades. Ces tâches déterminaient, dans les différents cas, le type et la distribution des unités de troupes et, partant, la taille et l'emplacement des camps.

Dans la région du Limes numide, les «stations de contrôle» étaient souvent situées près des passages à travers les montagnes de l'Atlas saharien ou de leurs contreforts orientaux, par lesquels les nomades venant du sud ou du sud-ouest pénétraient dans la région cultivée. On citera, à ces propos, les *castra* de Badias, Mdila et Ad Maiores. Près du Limes tripolitain, Bezereos avait une position semblable. Talalati et Tillibari (Remada) étaient, par contre, situées à l'est de la cuesta, où des passages ouest-est à travers le Dahar débouchaient dans la région de Djeffara, accusant une plus forte densité de population.

Les agglomérations militaires existant vers l'an 300 après J. C. présentaient des tailles très diverses et avaient été édifiées à des époques différentes. Certaines d'entre elles avaient déjà été établies à la suite de l'avancement des limites de la Province à la fin du 1er et au début du 2e siècle, comme, par exemple, le *castrum* Ad Maiores, sous Trajan, en l'an 105 après J. C.. Il est probable que les agglomérations de Badias et celle plus petite de Ad Medias furent également construites sous Trajan. Etant donné qu'une route de Capsa à Turris Tamalleni fut également réalisée sous le gouvernement de Trajan, il est permis de supposer qu'une base militaire peut avoir existé à Turris Tamalleni, en dépit du fait que son existence n'a encore pu être archéologiquement prouvée.

C'est vraisemblablement sous le règne de l'empereur Hadrien que s'effectua avec l'installation du *castrum* de Tillibari la première extension du Limes vers le sud. Il convient néanmoins, selon l'auteur, de se poser encore la question de savoir si d'autres agglomérations militaires n'ont pu être déjà édifiées sous Hadrien entre Turris Tamalleni et Tillibari, reliées par quelque 250 kilomètres de routes. D'après le matériel de documentation actuellement disponible, l'extension du Limes de Tripolitaine n'aurait cependant démarré qu'à la fin du 2e siècle, sous Commode.

Un certain nombre de questions de datation se pose encore dans le détail; la carte N 15 ne peut donc fournir qu'un aperçu approximatif de l'ensemble des agglomérations militaires existant vers l'an 300 après J. C.. Certaines places ont également été sporadiquement mentionnées, qui ne sont probablement apparues qu'ultérieurement.

Le système de sécurité des agglomérations militaires fut complété par les agglomérations rurales fortifiées des *limitanei*. Il s'agit ici essentiellement de membres d'une population indigène sédentarisée et plus ou moins romanisée, qui a été installée à cet endroit par l'Etat, en tant que milice frontalière, à partir du milieu du 3e siècle, puis, de façon accrue, au cours du 4e siècle après J. C.. Nombre de ces agglomérations sont notamment connues dans la région du Limes de Tripolitaine. Il s'agissait d'agglomérations isolées et disséminées ou de petits hameaux de 2—4 propriétés disposées sans alignement précis. Au niveau de leur plan horizontal et de leur élévation, elles ressemblaient considérablement aux *centenaria* ou *burgi* militaires en forme de tour. D'après les restes des constructions aujourd'hui visibles en surface, il n'est donc souvent pas possible de déterminer, dans les différents cas d'agglomérations désertées, s'il s'agit des restes d'une ferme fortifiée ou d'un *centenarium* (*burgus*).

Près des *castra*, apparurent des *canabae*, qui servaient, en partie, à satisfaire les besoins de la garnison et également de places de marché. Ils peuvent avoir également servi, dans le sud, de gîtes d'étape pour les caravanes de passage. Mais les grandes agglomérations civiles ne se développèrent pas seulement près des *castra*. Comme le révèlent des prises de vues aériennes, il y eut dans la zone proche du Limes, au sud de l'Aurès oriental et des monts Nementcha, des agglomérations groupées fondant leur existence sur l'agriculture au moyen d'une irrigation artificielle, lesquelles sont occasionnellement mentionnées par les auteurs français sous les désignations de «villes» ou de «gros bourgs». La plupart de ces agglomérations devrait avoir vu le jour autour de l'an 300 après J. C..

Outre les agglomérations militaires et les fermes fortifiées des *limitanei,* des installations linéaires, constituées d'une fosse et d'un mur ou d'un rempart de terre situé derrière, servaient à la sécurité et au contrôle de parcours plus longs ou de quelques-uns des passages à travers la zone frontalière, probablement utilisés de préférence par les nomades.

Quand de telles installations de protection passaient sur des terrains rocheux, comme, par exemple, dans des régions montagneuses ou sur des versants de montagnes, un mur était édifié avec la terre prélevée derrière la fosse (*fossatum*), et séparé de cette dernière par une berme. Quand ces installations passaient par une région présentant un sol s'effritant facilement ou avec des alluvions, la terre prélevée de la fosse était entassée pour constituer un rempart. Des tours de guet complétaient ces installations. Outre ces fosses avec murs ou remparts s'étendant sur de nombreux kilomètres, il y eut également, près de certains passages de montagne importants, de petits murs de barrage que l'on appelait *clausurae*.

La datation de telles installations est difficile, et, partiellement, seulement possible de façon sommaire, car nous manquons d'épigraphes les concernant. Il est néanmoins certain qu'elles ont été construites sporadiquement à différentes époques, au cours de la période entre l'ère de Hadrien et, peut-être, le 4e siècle. Sur la carte N 15, en dépit de ces incertitudes, toutes les installations linéaires du Limes, connues jusqu'à présent, ont été mentionnées, même si, comme ce fut le cas pour les installations du Limes de Tripolitaine, elles ne devraient être apparues que vers la fin du 3e et au début du 4e siècle.

Un facteur important pour le développement du paysage culturel fut l'arpentage (centuriation). Il fut effectué, dans la région traitée par la carte, à différentes époques, l'orientation des divers systèmes d'arpentage variant quelque peu.

Nous n'avons pu représenter sur la carte N 15 que les régions regroupant les centuriations dans l'est de l'actuelle Tunisie, telles qu'elles apparaissent dans la publication intitulée «Atlas des centuriations romaines de Tunisie» (PIGANIOL 1954). Elles comprennent trois systèmes d'arpentage distincts, réalisés à des époques différentes. On a également trouvé dans d'autres parties de la Tunisie des traces d'une centuriation, mais les sources se sont avérées insuffisantes pour une représentation de cette dernière sur la carte. Les centuriations furent réalisées entre la fin du 1er siècle avant J. C. et la fin du 1er siècle après J. C.. Les études de SOYER (1976) sur les centuriations dans l'est de l'Algérie sont parues trop tard pour être prises en considération dans la carte N 15. Plusieurs systèmes de mesure existeraient également dans cette région.

Dans maintes parties du pays, les lignes principales d'arpentage tout comme les petites parcellisations couvraient presque toute la superficie, sans tenir compte des conditions du terrain, soit donc également à travers des contrées vallonnées et montagneuses. Dans d'autres régions, comme, par exemple, l'est de l'Algérie, les zones montagneuses, marécageuses et forestières furent, de façon accrue, exclues des opérations d'arpentage.

Les centuriations et les installations d'un cadastre en résultant servaient, en premier lieu, à la levée du sol pour l'impôt foncier. Elles offrirent, en outre, la possibilité d'une distribution planifiée des terres aux vétérans ainsi qu'à des groupes de la population urbaine romaine, qui s'étaient installés dans des *coloniae* nouvellement fondées. Les centuriations offraient également une base précieuse pour le règlement des baux dans le cadre de l'adjudication des terres de domaines cédées à bail.

Le schéma d'arpentage marqua, par ailleurs, profondément la petite structure du paysage agricole, quant à la forme et la taille des parcelles d'exploitation et de propriété, le réseau des voies économiques, l'apparition de murs constitués de pierres ramassées, de lisières de champs, etc.. De telles structures déterminèrent souvent pour des siècles certains traits du paysage et se reflètent encore localement dans le paysage culturel d'aujourd'hui.

Outre les centuriations, l'exploitation agricole du sol, qu'il s'agisse de terres à céréales, de bosquets d'arbres ou de parcelles de vignoble, voire même de pâturages temporaires ou permanents, a revêtu une certaine importance pour la physionomie du paysage culturel. L'on ne peut que formuler des indications d'ordre général quant à la répartition régionale et locale des différents produits cultivés, à l'exception des cultures d'oliviers. CAMPS-FABRER (1953) a, en effet, mis en relief, d'après les sources archéologiques, les parties du pays, dans lesquelles la culture d'oliviers devrait avoir joué un rôle particulièrement important. Les indications fournies par ce dernier ont été reprises dans la carte N 15; mais il convient de souligner que les «régions principales de la culture d'oliviers» ne constituaient pas des régions s'adonnant à une monoculture de ces arbres.

Alors que la production de céréales pour l'approvisionnement alimentaire de la population de Rome représentait l'objectif économique prioritaire de l'Afrique, la production d'huile d'olives gagna une importance croissante au cours du 2e siècle après J. C. et, de façon accrue, à partir du début du 3e siècle. On stimula par des mesures législatives l'arboriculture, et notamment les cultures d'oliviers, essentiellement dans des régions qui se prêtaient moins, pour des raisons climatiques ou édaphiques, à la culture de céréales. Cette intensification de l'agriculture eut également, comme cela a souvent été souligné, une forte influence sur le développement des villes et d'autres agglomérations, et revêtit ainsi une importance majeure pour la genèse du paysage culturel.

1944 86